Dr. Ilse Schneider:

Stadtgeographie
von
Schleswig

Reprint der Ausgabe von 1934

SCHLESWIGER DRUCK- UND VERLAGSHAUS

CIP-Kurztitelaufnahme der Deutschen Bibliothek

Schneider, Ilse:
Stadtgeographie von Schleswig / Ilse Schneider. –
Reprint d. Ausg. 1934. – Schleswig:
Schleswiger Druck- und Verlagshaus, 1983.
ISBN 3-88242-078-2

Copyright 1983 by
Schleswiger Druck- und Verlagshaus, 2380 Schleswig
Printed in Germany · Alle Rechte vorbehalten
Herstellung: Schleswiger Druck- und Verlagshaus, Stadtweg 54, 2380 Schleswig
Druck der Ausgabe von 1934: Buchdruckerei Konrad Triltsch, Würzburg

Vorwort.

Nach mehrjähriger Beschäftigung mit stadtgeographischen Fragen im In- und Ausland erregte die Eigenart und Fülle der Schleswiger Siedlungselemente den Wunsch in mir, diese Stadt eingehend zu behandeln.

Herrn Professor Dr. Schmieder und Herrn Professor D. Dr. Scheel bin ich zu besonderem Danke verpflichtet für das Interesse und die Unterstützung, die sie meinen Untersuchungen entgegenbrachten und die erst die Drucklegung dieser Arbeit veranlaßten.

Der Leitung der Stadt Schleswig, insbesondere Herrn Bürgermeister Dr. Behrens, und den im Quellenverzeichnis dieser Arbeit genannten Behörden danke ich für die bereitwillige Überlassung des ungedruckten Materials, für verschiedene Auskünfte besonders Herrn Archivar Petersen, Herrn Brunnenbauer Vertens und dem Stadtbauamt, das mir auch einen Arbeitsplatz überließ und Hilfskräfte für das Nivellieren zur Verfügung stellte. Der Magistrat der Stadt erleichterte die Drucklegung durch den Kauf von 50 Exemplaren und stiftete den Stadtplan, Karte 9.

Ferner schulde ich allen denen großen Dank, die durch die Bereitstellung materieller Mittel die Herausgabe meiner Arbeit ermöglichten: die Schleswig-Holsteinische Universitätsgesellschaft gewährte zur Durchführung vorliegender Arbeit eine Forschungsbeihilfe; die Druckkosten trugen die Schleswig-Holsteinische Universitätsgesellschaft, die Hohe Philosophische Fakultät der Christian-Albrechts-Universität und das Preußische Ministerium für Wissenschaft, Kunst und Volksbildung.

Stolp in Pommern, im Sommer 1933.

Ilse Schneider.

Vorwort zur 2. Auflage

1931 erzählte mir der Schleswiger Bürgermeister Dr. Behrens im Familienkreise von einer Studentin, Fräulein Ilse Schneider, die eine geographische Arbeit über Schleswig angeboten habe. Er sagte, daß Fräulein Schneider ihn durch ihre Begeisterung für diese Arbeit sehr beeindruckt, und daß er ihr die Hilfe der Stadt zugesagt hat.

Dr. Behrens, der später Ehrenbürger der Stadt Schleswig und Ehrenmitglied der Gesellschaft für Schleswiger Stadtgeschichte wurde, hatte einen großen Spürsinn für besondere Talente. Es sei nur an den damaligen Schleswiger Baurat, den späteren Professor Dr. Julius Petersen erinnert, der die Bugenhagenschule, die Gallbergschule und das Stadtviertel Bellmannstraße/Chemnitzstraße baute.

Als die »Stadtgeographie von Schleswig« als Dissertation von Fräulein Schneider vorlag, übernahmen die Schleswig-Holsteinische Universitätsgesellschaft, die Philosophische Fakultät der Kieler Universität und das Preußische Kultusministerium die Druckkosten. Dieses zeigt bereits, daß der Arbeit eine besondere Bedeutung beigemessen wurde. Sie erschien 1934 als Band II, Heft 1, der von Prof. Dr. O. Schmieder herausgegebenen Schriften des Geographischen Instituts der Universität Kiel.

Auch als verheiratete Frau Dr. Imhof – ihr Mann Dr. Karl Imhof fiel 1942 – hat die Verfasserin die Beziehungen zu dem fernen Schleswig aufrechterhalten. Kurz nach der Gründung der Gesellschaft für Schleswiger Stadtgeschichte trat sie dieser bei und unterstützte die Arbeit der Gesellschaft auch durch großzügige Spenden.

1982 beschlossen Frau Dr. Imhof und ich, die Neuauflage ihres Buches zu versuchen. Meine Verhandlungen mit dem Schleswiger Druck- und Verlagshaus führten zum Erfolg, und zwar sowohl durch Entgegenkommen des Verlages als auch durch das von Frau Dr. Imhof.

Frau Dr. Imhof ist Geographin und deshalb steht natürlich die erdkundliche Schilderung des Raumes an erster Stelle.

Die räumliche Entwicklung Schleswigs wird anhand der geographischen Gegebenheiten im Laufe der Zeit eingehender dargelegt.

Die inzwischen erfolgten Ausgrabungen in Haithabu und in der Altstadt haben keine grundlegenden Änderungen ergeben.

Beachtenswert sind im Buch der umfangreiche Quellennachweis von 200 Titeln, der Anhang mit interessanten Mitteilungen (z. B. Bohrergebnisse) und 14 Abbildungen, die die starken Veränderungen im Stadtbild erkennen lassen, die in den letzten 50 Jahren eingetreten sind. Vor allen Dingen ist jedoch das Kartenmaterial interessant, das in 9 Karten dem Buch beiliegt. Die Leser seien besonders auf die Karten 4 und 7 hingewiesen. Die Karte 4 ist eine Höhenlinienkarte, schon die allein erklärt in vielem die Entwicklung der Stadt Schleswig. Für die Karte 7 hat Frau Dr. Imhof damals sämtliche Häuser der Stadt Schleswig aufgenommen und nach Baumaterial, Haustyp, Stockwerkhöhe und Wirtschaftszweck erfaßt und kartographisch dargestellt.

Eine solche Arbeit wird es kaum für eine andere Stadt in Schleswig-Holstein geben. Sie hat schon heute historischen Wert.

Die Gesellschaft für Schleswiger Stadtgeschichte ist glücklich, daß dieses wichtige Werk eine zweite Auflage erfährt, und daß es Frau Dr. Imhof vergönnt ist, dieses Ereignis mitzuerleben.

Schleswig, im Mai 1983

Otto von Wahl
Vorsitzender der Gesellschaft
für Schleswiger Stadtgeschichte

Inhaltsverzeichnis.

	Seite
Quellennachweis	VIII
Einleitung	1
A. Die Landschaft der innersten Schleibucht	2
1. Das Landschaftsbild	2
2. Versuch der Rekonstruktion des Bodens und der Gewässer	2
3. Die Schlei	6
4. Klima	7
B. Die räumliche Entwicklung Schleswigs	8
I. Die städtischen Siedlungen an der innersten Schleibucht, ehe die Ortslage der Altstadt Schleswig geschichtlich sicher bezeugt ist (800—1000)	8
1. Die ersten geschichtlichen Nachrichten und das Problem der Stadtentstehung	8
2. Das Sliasvik-Haithabuproblem	10
3. Verkehrslage der innersten Schleibucht und ihre handelsgeographische Bedeutung	12
4. Voraussetzungen und Erbe der heutigen Altstadt Schleswig	16
II. Ausbildung der Siedlungen auf dem Boden der gegenwärtigen Stadtlandschaft (1000 bis Gegenwart)	16
1. Entwicklung Schleswigs mit der heutigen Altstadt als Kristallisationskern (11.—16. Jahrh.)	16
a. Die ältesten Siedlungszeugnisse der „civitas Slesvicensis"	17
b. Ausdehnung und Umwallung der Stadt bis zum Ende des 13. Jahrhunderts	18
c. Ausbildung der „Nighenstat" bis 1566	20
d. Innere Entwicklung der Stadt während dieser Zeit	21
α) Schleswig als Handelsstadt: Das Stadtrecht von 1200 — Burgen, Kirchen und Klöster — Anlage der Stadt in Grund- und Aufriß	21
β) Schleswig als Landstadt: Gründe des Niedergangs der Handelsmacht — Schleswigs grenzpolitische Bedeutung — Analyse des Nyghenstatgrundrisses — Stadtbild um 1580 und Kritik der Braunschen Karte	24
2. Verlagerung des Schwerpunktes in die herzogliche Residenz und Ausbreitung städtischer Siedlungsformen um Schloß Gottorf (16.—18. Jahrhundert)	30
a. Historische und siedlungsgeographische Voraussetzungen	30
α) Schloß Gottorf	30
β) Der neue Tiefenweg am Westsaum der Schlei	31
b. Entstehung und Wachstum der Siedlungen um Schloß Gottorf als Keimzelle	32
α) Zubehöre auf „Schloßgrund"	32

		Seite
	β) Die gewachsene Residenzstadt Lollfuß-Friedrichsberg . . .	34
	γ) Die Soldatensiedlung Friedrichsberg, eine Rodung	35
	δ) Die dynastische Gründung des Domziegelhofs	36
	ε) Die Buden des Kleinziegelhofs	37
	ζ) Rechtliche Stellung der neuen Siedlungen	38
	η) Ihr Stadtbild: Die Adelshöfe und Kritik der Dankwerthschen Karte — Die älteste Aufrißskizze der städtischen Schleisiedlungen — Die Straßen	38
c.	Das Schicksal der alten Stadt Schleswig	41
	α) Ihre wirtschaftliche Lage und Konkurrenzstellung zu den neuen Residenzgemeinden	41
	β) Das Stadtfeld: Die einzige Erweiterung	43
	γ) Innere Gliederung der „Stadt Schleswig" nach dem Brandregister von 1700	43
	δ) „Das Neufeld", eine städtische Flurauftelung des 16. Jahrhunderts	46
d.	Schloß Gottorf als kulturelles Zentrum	46
3. Die „kombinierte Stadt Schleswig" (18. Jahrh. bis zur Jetztzeit) .		49
a.	Schleswig als Landstadt des 18.—19. Jahrhunderts	49
	α) Die Vereinigung der verschiedenen städtischen Siedlungen an der innersten Schleibucht	49
	β) Die Aufteilung der großen Adelshöfe und die Umwandlung des letzten „Schloßgrundes" in Wohngebiet	50
	γ) Stadtbild und wirtschaftliche Lage	50
b.	Schleswig als Verwaltungszentrum der neuen preußischen Provinz (ab 1864)	52
	α) Gründe der neuen städtebaulichen Entwicklung	52
	β) Eroberung der Moränenhochfläche und Alluvialniederung .	53
	γ) Anlage und Einfluß der Eisenbahn auf die Entwicklung der Stadt , ...	54
C. Der heutige Raum der Stadt Schleswig		55
1. seine kartographische Darstellung und die Auswertung der Pläne		55
2. eine vergleichende Betrachtung der Physiognomie und Physiologie verschiedener Stadtteile		59
3. die Gliederung der Bevölkerung		62
4. Fördensteilrand, Ufer und Randzone der Stadt im Landschaftsbild		65

Anhang:

I. Verzeichnis der Mitteilungen von Herrn Brunnenbauer Vertens . .	67
II. Beleg für die Veränderung des Reliefs im Stadtbildungsprozeß (St.A.K. A XX, 2967) . . . . , . .	68
III. Zeitgenössische Quellen zur Karte des Nordeuropäischen Handelsverkehrs im 9.—12. Jahrhundert	69
IV. Aktentext zur Abb. 7; St. A. Sch. A 16 (Fol. Bd. XVIII)	71
V. Besitzfolge dreier Höfe (Anfang des 17. Jahrh. bis Mitte des 19. Jahrh.)	71
VI. Material und Anfertigung der Höhenschichtenkarte (Karte 4) . . .	72

Verzeichnis der Figuren, Abbildungen und Karten.

		Seite
Fig. 1.	Gliederung der „Stadt Schleswig" nach dem Brandschatzungsregister von 1700 (St. A. Sch.: Kämmereirechnungen)	45
„ 2.	Das „Neufeld"	47
„ 3.	Beispiele für die Aufteilung von „Höfen" im Anfang des 19. Jahrhunderts	51
Abb. 1.	Luftbild: Blick von Westen	76
„ 2.	Luftbild: Blick von Südosten	77
„ 3.	Prospekt der Stadt Schleswig aus Brauns „Theatrum urbium" 4, 31 Köln 1584	78
„ 4.	„Grundriß der stadt Sleßwieg anno 1649" aus Dankwerth 1652	78
„ 5.	„Skizze vom Öhrr", 1668, (St. A. K. A XX, 2959)	79
„ 6.	„Hortus Gottorpiae..., vulgo Neuwerck" 1712, aus Westphalen: „Monumenta inedita..." Bd. 3.	79
„ 7.	Die älteste Aufrißzeichnung, ca. 1673—1761, (St.-A. Sch. A 16 (Fol. Bd. XVIII))	80
„ 8.	Lollfuß, nördlich des Domziegelhofs	80
„ 9.	Lange Straße	81
„ 10.	Töpferstraße	82
„ 11.	Am Dom	82
„ 12.	Traufenhäuser des Holm	83
„ 13.	Giebelhäuser des Holm	83
„ 14.	Luftbild: Friedrichsberg	84
Karte 1.	Schleswig: Ausschnitt aus dem Meßtischblatt	
„ 2.	Rekonstruktion des Bodens und der Gewässer der innersten Schleibucht vor ihrer Verbauung	
„ 3.	Die räumliche Entwicklung der Stadt Schleswig	
„ 4.	Isohypsenkarte des Stadtuntergrundes in 1 m - Schichtlinien	
„ 5.	Bevölkerungsdichte	
„ 6.	Straßenbreite und Verkehr	
„ 7.	Siedlungsgeographische Gliederung der Stadt Schleswig (Baumaterial, Haustypen, Stockwerkhöhe, Häuserwirtschaftszweck)	
„ 8.	Zehn Grundrißtypen der Stadt	
„ 9.	Stadtplan von 1933	

Quellennachweis.

A. Karten:

I. Gedruckt:
1. Schleiswigh, (Prospekt der Stadt Schl.), Köln 1584. aus Brauns Theatrum urbium 4, 31
2. „Grundriß der stadt Sleswieg, 1649."
   in Danckwerth, C. Newe Landesbeschreibung . . 1652. p. 113.
3. „Grundriß der Stadt Schleswig", Egidius von Lobedanz, 1791. Kopenhagen.
4. „Schleswig im Jahre 1823", Johannes von Schröder. 1 : 64 000.
5. Plan der Stadt Schleswig, 1871, P. Lorenzen. 1 : 6 000.
6. Plan der Stadt Schleswig, 1926, Hesse. 1 : 15 625.
7. „Hortus Gottorpiae adjacens, vulgo Neuwerk", 1712. Westph. III, 326.
8. Meßtischblätter, Schleswig und Kropp. 1 : 25 000.
9. Karte des Deutschen Reichs. 1 : 100 000.
10. Dänische Generalstabskarte. 1 : 120 000.
11. Topographische Übersichtskarte des Deutschen Reichs. 1 : 200 000.

II. Ungedruckt:
12. Verschiedene Stadtpläne des Stadtbauamts: 1 : 9 000; 1 : 6 000; 1 : 4 000; 1 : 2 000
13. Rohrnetzplan der Kanalisation Schleswigs. 1 : 2 000.
14. Höhenschichtkarte einzelner Koppeln. 1 : 500.
15. Gemarkungskarten. 1 : 500.
16. Katasteratlanten der Stadt Schleswig, Verschiedene Maßstäbe: 1 : 500; 1 : 1 000; 1 : 2 000.
17. Karte über sämtliche der Stadt Schleswig gehörigen Ländereien. 1831. Landmesser Ulrich. 1 : 5 000, Landesbibliothek Kiel.
18. „Spezialkarte der Gegend um Schleswig", 1761. Aufgemessen und gezeichnet von M. Neynaber u. Hemsen. St. A. K. (402, B, II, 155).
19. Feldrisse der Umgebung von Schleswig. 18. Jahrh. St. A. K. (402, A, 4, 101—114).
20. „Karte von den mehrsten Holzgrunden, so vorhin von der Stadt Schleswig, den Dörfern Großdanewerk, Husby, Schuby gemeinschaftlich benutzet worden sind . . . ." St. A. Sch.
21. Verschiedene kleine Zeichnungen und Skizzen aus St. A. Sch. und St. A. K.
22. Übersichtsskizze der vorzeitlichen Funde in u. um Schleswig. 1 : 100 000. Archäologische Landesaufnahme, Kiel.

B. Schriftmaterial:

I. Ungedruckt:
Stadtbauamt Schleswig:
   Nivellementsergebnisse des Stadtbauamts.
   Erläuterungsbericht zu dem Entwässerungsprojekt der Stadt Schleswig, Prof. Neuber.
   Verschiedene Akten über Straßen, Straßenbezeichnungen, Neubauten und Wasserrecht.

Magistrat:
   Haushaltungslisten von 1930.
   Ergebnisse der Reichswohnungszählung von 1927.

Katasteramt der Stadt Schleswig:
   Veranlagungsbogen für die Hauszinssteuer; Beschreibung sämtlicher Grundstücke nach dem Kataster.
   Hauptübersicht des Bestandes der Liegenschaften von 1879—1931.
   Hauptübersicht des Bestandes an Gebäuden von 1879—1931.

Stadtarchiv Schleswig (= St. A. Sch.):
  Das braune Ratsbuch (1418—1623), (Handschriften Nr. 4).
  Kämmereirechnungen: 1618—1710.
  Stadtkataster 1656, 1712, 1735 und 1773.
  Verschiedene Kämmereisachen .. (H₂); Stadtsachen (C XIX, 3).
  Verschiedene Sammlungen fürstl. Verordnungen (A₅; A₁; A₁₆) (B₃; Acten 306).
  Manuskript von Ulrich Petersen († 1735), Schleswigsche Chronik II bis 1725. (G 2).
  Heimann, H.: Verzeichnis der alten Quartier- und der neuen Hausnummern 1930.

Staatsarchiv Kiel (= St. A. K.):
  Urkunden V.
  Akten aus dem Herzogl. Gottorfschen Archiv (A XX).
  Akten des Amt Gottorf und Hütten (C XIII), besonders Amthaus Gottorp und Gottorper Hausvogtei.
  Akten der königlichen Statthalterschaft (A II).
  Akten des königlichen Schleswigschen Obergerichts auf Gottorf (A IV).
  Gottorfer Amtsrechnungen (A XXIV, 186).
  Domkapitels Amtssachen (C XIV).
  Akten aus dem Schleswiger Stadtarchiv (C XIX, 3).
  Nachlaß von Rosen (400 Nr. 249): „Beschreibung der Stadt Schleswig in staatistischer und kammeralistischer Rücksicht."
  Catastrum der Stadt Schleswig von 1831 (400, L, 176) 1735 u. 1712 (C XIII, 3, 815 u. 815 a).

Archäologische Landesaufnahme von Schleswig-Holstein, Dr. Tode, Kiel:
  Kartothek der Stadt Schleswig.

II. Gedruckt:

Amtliches Material.
1. „Die Nivellements von hoher Genauigkeit" Höhen über NN im neuen System der Trigonometrischen Abteilung des Reichsamtes für Landesaufnahme 2. Teil. Selbstverlag Berlin 1927.
2. Bauordnung für die kleineren Städte und Flecken des Regierungsbezirks Schleswig. Schleswig 1908.
3. Statistik des Deutschen Reichs. Band 404, 13. Volks-, Berufs- und Betriebszählung vom 16. Juni 1925.
4. Statistische Übersicht über die kommunalen Verhältnisse der Städte und Flecken der Provinz Schleswig-Holstein. Schleswig 1900—1910.
5. Verzeichniß aller im Gemeindebezirk der Stadt Schleswig wohnenden Hauseigenthümer unter gleichzeitiger Angabe der alten und neuen Nummern der denselben gehörigen Häuser.
6. Adreßbücher der Stadt Schleswig.
7. Bericht über die Verwaltung und den Stand der Gemeinde — Angelegenheiten der Stadt Schleswig. Schleswig 1869—1911.
8. Dr. Rüppel, Summarischer Bericht über die Irrenanstalt bei Schleswig. Hamburg 1872.

Urkunden; Quellen.
9. Corpus Statutorum Slesvicensium od. Sammlung der in dem Herzogtum Schleswig geltenden Land- und Stadtrechte. herausgeg. v. Brockdorff u. Eggers I—III. Schleswig 1794—1812.
10. Hansisches Urkundenbuch. herausg. Höhlbaum, Kunze und Stein. Halle und Leipzig 1876—1916.
11. Jensen, H. N. A. Auszüge aus dem Erdbuch des schlesw. Domkapitels. Biernatzkis schlesw.-holst.-lauenb. Landesberichte. Jahrg. 1/2 Altona 1846/47.
12. Noodt, J. F. Beiträge zur Erläuterung der Civil-, Kirchen-, u. Gelehrtenhistorien der Herzogthümer Schleswig u. Holstein. Hamburg, Bd. I. 1744—48. Bd. II. 1752—53.
13. Quellensammlung der Gesellschaft für schlesw.-holst. Geschichte Bd. 6. herausg. von Hansen, R. und Jessen, W. Kiel 1904.
14. Quellen zur Frage Schleswig-Haithabu; Scheel, O; Paulsen, P. Kiel 1930.

15. Registrum capituli Slesvicensis. Langebeck, J. und Suhm, P. F. VI, S. 574—91. Hauniae 1786.
16. Schleswig-Holstein-Lauenburg-Regesten und Urkunden Bd. I—III herausg. von P. Hasse. Hamburg und Leipzig, 1886—96; Bd. IV herausg. von V. Pauls. Kiel 1924.
17. Scriptores rerum Danicarum medii aevi. herausg. Langebeck, J. und Suhm, P. F. Hauniae 1712—1834.
18. Thorsen, P. G. De med Jydske Lov beslaegtede Stadsretter, Kopenhagen 1855.
19. Urkunden-Sammlung der Schlesw.-Holst.-Lauenbg. Gesellsch. f. vaterl. Geschichte Bd. 1—4 herausg. von Michelsen, A. L. J. Kiel 1842—1875.
20. Urkundenbuch zur Geschichte des Landes Dithmarschen. herausgeg. von A. L. J Michelsen, Altona 1834.
21. Magistri Adam Bremensis gesta Hamburgensis ecclesiae pontificum. Editio tertia von B. Schmeidler in Scriptores rerum Germanicarum in usum scholarum (10). Hannover 1917.
22. Annales Ryenses in Monumenta Germaniae historica Script. 16 S. 322 ff.
23. Chronicon Holtzatiae auctore Presbytero Bremensi. herausg. Lappenberg, J. M. in Qellensammlung der Schlesw.-Holst.-Lauenb. Ges. f. vaterl. Gesch. Bd. 1. Kiel 1862.
24. Chronik der nordelbischen Sassen. herausg. Lappenberg. Quellensammlung d. Schlesw.-Holst.-Lauenb. Ges. f. vaterl. Gesch. Bd. 3. Kiel 1865.
25. Einhardi Annales. herausg. Pertz, G. H. in Scriptores Rerum Germanicarum (9). Hannover 1845.
26. Ex E t h e l werdi Chronicorum libris quattuor. in rerum anglicarum scriptorum veterum. London 1596.
27. Helmold Chronika Slavorum. 2. Ausg. von Schmeidler, B. in Scriptores Rerum Germanicarum (21). Hannover 1905.
28. Jacob, G. Übersetzung der arabischen Berichte von Gesandten an germanischen Fürstenhöfen aus dem 9. u. 10. Jahrh. Quellen zur deutschen Volkskunde 1. Heft. 1927.
29. King Alfred's O r o s i u s. edited: von Rask: Samlede tildels fohren ftrykte Anhandlinger I. Teil, S. 320—322. Kopenhagen 1834.
30. Landsfraeði des Abtes Nikolaus Bergson († 1159); herausgeg. Kr. Kralund: Alfraedi islenzk. Kopenhagen 1908.
31. W(ilhelmi) Malmesbiriensis Monachi de Gestis regum Anglorum, libri quinque. (2 Bde) ed. by Stubbs, W. in Rerum Britannicarum medii aevi scriptores (90). London 1887—89.
32. Richeri Historiarum Libri IIII ex Codice Saeculi X. Autographo edidit Pertz, G. H. in Scriptores Rerum Germanicarum in usum Scholarum (2). Hannover-Paris 1839.
33. Rimbert, „Vita Anskarii auctore Rimberto" accedit vita Rimberti. herausg. Waitz, G. in Scriptores rerum Germanicarum in usum scholarum (34). Hannover 1884.
34. Saxonis Grammatici Historiae Danicae. herausg. Holder. A. Straßburg 1886.
35. Tangmar, Vita Bernwardi episcopi Hildesheimensis in Leibnitii Script. rer. Brunswic. Bd. 1, S. 441—462. Hannover 1707.
36. Thietmari Merseburgensis Episcopi chronikon. herausg. Lappenberg, J. M. und Kurze, F. in Scriptores rerum Germanicarum (38). Hannover 1889.

Literatur zur Frage der Naturlandschaft.
37. **Bartels, W.** Die Gestalt der deutschen Ostseeküsten. Diss. Rostock 1918.
38. **Breckwoldt, J.** Die hydrographischen Veränderungen in Schleswig-Holstein. Schriften d. naturwiss. Ver. f. Schlesw.-Holst. Bd. 16. Kiel 1913.
39. **Hellmann, G.** Regenkarte d. Provinzen Schleswig-Holstein u. Hannover. Berlin 1902.
40. **Martens, P.** Morphologie d. Schl.-Holst. Ostseeküste. Schriften d. Baltischen Kommission Bd. V. Veröffentlichungen d. Schl.-Holst. Universitätsges. Breslau 1927.
41. **Meyn, L.** Die Bodenverhältnisse der Provinz Schleswig-Holstein, als Erläuterung zu dessen geol. Übersichtskarte von Schl.-Holst. Berlin 1882. in Abh. z. geolog. Spezialkarte von Preußen Bd. III Heft 3 Berlin 1882.
42. **Struck, R.** Die Beziehungen des Limes Saxoniae u. des Dannewerks zur Topographie u. Geologie ihrer Umgebung. Lübeck 1906.
43. — Übers. über die geol. Verhältnisse Schlesw.-Holst. Sonderabdruck aus d. Festschrift z. Begrüßung d. 17. deutschen Geogr.-Tages. Lübeck 1909.
44. — Die innere baltische Endmoräne u. andere Eisrandlagen in Schleswig-Holstein. Mitt. d. Geogr. Ges. u. d. Naturh. Mus. Lübeck, II. Reihe, Heft 34. Lübeck 1931.

45. **Woldstedt, P.** Studien an Rinnen u. Sanderflächen in Norddeutschland. Jahrb. d. preuß. geol. Landesanst. Bd. 42 f. 1921/1923.
46. — Die „äußere" und „innere" baltische Endmoräne in der westl. Umrandung der Ostsee. Zentralbl. f. Min. Abt. B. 1925.
47. **Wolff, W.** Erdgeschichte u. Bodenaufbau Schleswig-Holsteins. 2. Aufl. Hamburg 1922.
48. — Die Bodenbildungen Schleswig-Holsteins u. ihr Verhältnis zu den geol. Bodenarten. Jahrb. d. preuß. geol. Landesanstalt Bd. 51. 1930.

Literatur über die Stadt Schleswig.

49. **Adler, F.** Dom zu Schleswig, Ztschrft. für Bauwesen. 1897.
50. **Büchtold, G.** Der norddeutsche Handel im 12. u. 13. Jahrh. Abhandlungen zur mittleren u. neueren Geschichte, Heft 21. 1910.
51. **Bangert, F.** Die 4 Schleswiger Runensteine als Geschichtsquellen. Ztschr. d. Ges. f. schlesw.-holst.-lauenb. Geschichte. Bd. 26. Kiel 1896.
52. **Barthold, F. W.** Soest, die Stadt der Engern. Soest 1855.
53. **Bolten, J. A.** Beschreibung und Nachrichten von der Landschaft Stapelholm. Wöhrden 1777.
54. **Boysen,** Fragmentum historiae Slesvicensis ab anno 896 usque ad 1526. in Westphalen monumenta ... Bd. III col. 255—320. Lipsiae 1743.
55. **Brand, O.** Geschichte Schleswig-Holsteins. Kiel 1925.
56. **Bugge, A.** Die Wikinger. Halle 1906.
57. — Die nordeuropäischen Handelswege im frühen Mittelalter u. die Bedeutung der Wikinger für die Entwicklung des europäischen Handels u. der europäischen Schiffahrt. Vierteljahresschrift für Sozial- u. Wirtschaftsgeschichte. Bd. IV. 1906
58. **Cypraeus, H.** Catalogus Episcoporum Slesvicensium. Lübeck 1560; unverändert in Langebek: Scriptores rerum Danicarum VII, S. 176—81. Hauniae 1792.
59. — Chronicon Episcoporum Slesvicensium etc. in Westph. Mon. ined. III, S. 184—254. Lipsiae 1743.
60. — Diplomatarium Coenobii Slesvicensis S. Johannis ab anno 1250—1566 ex autographis collectum bei Westphal. Mon. ined. III, S. 359—380. Lipsiae 1743.
61. **Cypraeus (P.) J. A.** Annales episcoporum Slesvicensium. Köln 1634.
62. **Dankwerth, C.** und **Meyer, J.** Newe Landesbeschreibung der 2 Hertzogtümer Schleswig u. Holstein, zusambt vielen dabei gehörigen newen Landkarten. Husum 1652.
63. **Daenell, E.** Die Stellung der Stadt Schleswig im frühmittelalterlichen Handel und Verkehr. Ztschr. d. Ges. f. Schlesw.-Holst. Geschichte Bd. 38. Leipzig 1908.
64. **Dörfer, J. Fr. A.** Topographie des Herzogtums Schleswig. 3. Aufl. Schleswig 1829.
65. **Eckermann, C.** Die Eindeichungen südlich von Husum in Eiderstedt und Stapelholm. Ztschr. d. Ges. f. Schlesw.-Holst.-Lauenb. Geschichte Bd. 23. Kiel 1893.
66. **Falk, N.** Sammlungen zur nähern Kunde des Vaterlandes in historischer, statistischer und staatswirtschaftlicher Hinsicht I.—III. 1819—25.
67. **Frahm, F.** Die Bedeutung des Danewerks für die Entstehung des Herzogtums Schleswig. Nordelbingen Bd. 8. 1930/31.
68. — Der Transitverkehr Schleswig-Hollingstedt. Ztschr. d. Ges. f. Schlesw.-Holst. Geschichte Bd. 60. Neumünster 1931.
69. **Friedenthal, A.** Der Münzfund von Kumma. Reval 1932.
70. **Fuglsang, F.** Schleswig, aufgenommen von der Staatlichen Bildstelle, beschrieben von F. Fuglsang. Deutscher Kunstverlag Berlin 1931.
71. **Gätjens, J.** Die schleswig-holsteinschen Provinzialstraßen. Eine Denkschrift über die Entwicklung des Wegewesens in der Provinz Schl.-Holst. Kiel 1927.
72. **Hansen, R.** Küstenänderungen im Südwestlichen Schleswig. Pet. Mitt. 1893.
73. **Hansen, R.** Kurze Schleswig-Holsteinische Landesgeschichte. Flensburg 1912.
74. **Harms, Kl.** Das Domkapitel zu Schleswig von seinen Anfängen bis zum Jahre 1542. Schriften d. Vereins für schlesw.-holst. Kirchengeschichte I. Reihe Heft 7. 1914.
75. **Haupt, R.** Geschichte u. Art der Baukunst im Herzogtum Schleswig. Heide 1924.
76. — Der Dom St. Petri. Schleswig 1921.
77. — Wie kommt nach Schleswig der Tuff? Ztschr. d. Ges. f. schlesw.-holst. Geschichte Bd. 54. Kiel 1924.
78. **v. Hedemann-Heespen, P.** Unser Land als Völkerbrücke in seiner Wirtschaftsgeschichte. Schlesw.-Holst. Jahrbuch 1921.
79. **Hedrich, O.** Die Entwicklung d. Schlesw.-Holst. Eisenbahnwesens. Diss. Kiel 1915.
80. **Hegel, K.** Städte u. Gilden der Germanischen Völker im Mittelalter. Leipzig 1891.
81. **Heiberg, C.** Die Bielefeldschen Criminalkosten mit Rücksicht auf die Steuerverfassung der Stadt Schleswig. Schleswig 1833.

82. **Heimreich, A.** Schleswigsche Kirchenhistorie. Schleswig 1683.
83. **Helduaderum, N.** Kurze und einfaltige Beschreibung der Alten und weitberümbten Stadt Schleswig, in Cimbrischen Chersonese belegen. o. O. 1603.
84. **Hennig, R.** Zur Verkehrsgeschichte Ost- u. Nordeuropas im 8.—12. Jahrhundert. Histor. Zeitschrift 115. 1916.
85. — Der orientalisch-baltische Verkehr. Prometheus 23, 1912.
86. **Hinrichs, E.** Lage und Gestalt der Fördenstädte Schleswig-Holsteins in vergleichender historisch-geographischer Betrachtung. Ztschr. d. Ges. f. Schlesw.-Holst. Geschichte. Bd. 49. Leipzig 1919.
87. — Über ehemalige Flußläufe im Gebiet der Untereider. Nordelbingen Bd. 2. Heide 1923.
88. **Hoff. H. F.** Schlesw.-Holst. Heimatgeschichte. 3 Bde. 2. Ausgabe: Neumünster 1925.
89. **Jankuhn, H.** Neues zur Frage des Transitverkehrs Haithabu-Hollingstedt. Kieler Neueste Nachrichten, 16. X. 32.
90. — Die Ausgrabungen in Haithabu. Kieler Neueste Nachrichten. 23, XI. 32.
91. **Jansen, K.** Die Bedingtheit d. Verkehrs u. der Ansiedlung der Menschen durch die Gestaltung d. Erdoberfläche, nachgewiesen insonderheit an der cimbrischen Halbinsel, Kiel 1861.
92. — Poleographie der cimbrischen Halbinsel. Forsch. I. Stuttgart 1886.
93. **Jänecke, W.** Der Dom in Schleswig, seine Stellung in der Baugeschichte Norddeutschlands. Zeitschrift für Bauwesen, Heft 5. 1926.
94. — Zur Entwicklungsgeschichte des mittelalterlichen Kirchenbaues in Schleswig-Holstein. Zeitschrift d. Ges. f. Schlesw.-Holst. Geschichte Bd. 57. 1928.
95. **Jensen, H. N. A.** Versuch einer Kirchlichen Statistik des Herzogtums Schleswig, 4 Bde. Flensburg 1840—1841.
96. **Jensen, C.** Angeln, zunächst für die Angeln historisch beschrieben. Flensburg 1844.
97. **Jürgens, A.** Zur Schlesw.-Holsteinischen Handelsgeschichte des 16. u. 17. Jahrh. Abh. zur Verkehrs- u. Seegesch. VIII. Berlin 1914.
98. **Jürgensen, J. Ch.** Nicolaus Helduader's Chronik der Stadt Schleswig, vom Jahre 1603 bis zum Jahre 1822 fortgeführt u. mit Anmerkungen und Ergänzungen begleitet. Schleswig 1822.
99. **Kall, A.** Die deutsche Küste als Siedlungsgebiet. Diss. Kiel 1907.
100. **Kiesselbach, A.** Schleswig als Vermittlerin des Handels zwischen Nordsee und Ostsee vom 9. bis in das 13. Jahrh. Zeitschrift d. Ges. f. Schlesw.-Holst. Geschichte Bd. 37. Leipzig 1907.
101. **Kletler, P.** Nordwesteuropas Verkehr, Handel und Gewerbe im frühen Mittelalter. Wien 1924.
102. **Knorr, F.** Die Ausgrabungen in d. Oldenburg. Mitt. des anthropolog. Vereins in Schlesw.-Holst. Bd. 15. 1902.
103. — Schleswig und Haithabu. Schlesw.-Holst. Jahrb. 1924.
104. **Kupke, G.** Die Stadt Schleswig u. ihr Anrecht auf die Schleifischerei. Schleswig 1916.
105. **Kuß, Chr.** Versuch e. ausführlichen Naturbeschreibung d. Herzogtümer Schleswig und Holstein Bd. 1. Altona 1819/20.
106. — Grundriß e. Naturbeschreibung d. Herzogt. Schlesw. u. Holst. Altona 1817.
107. **Langhans, P.** Die wirtschaftlichen Beziehungen der deutschen Küsten zum Meere. Peterm. Mitt. 1900.
108. **Lau, G. J. T.** Geschichte der Reformation in Schleswig-Holstein. Hamburg 1867.
109. **Lempfert, K.** Das Dannewerk und die Stadt Schleswig mit ihren Umgebungen und sonstigen Bedingungen und Verhältnissen. Jahrbücher für die Landeskunde der Herzogtümer Schleswig-Holstein und Lauenburg 1864.
110. **v. Liliencron, R.** Der Runenstein von Gottorp, König Sigtrygg's Stein. Kiel 1888.
111. — Die 4 Schleswiger Runensteine. Dtsche Rundschau 1893.
112. **v. Liliencron, R. u. Wimmer, L.** Der Runenstein im Schleswiger Dom. Kiel 1898.
113. **Lorenzen, Chr. Cl.** De sydslesvigske Befaestningsvaerker i og fra Oldtiden og Middelalderen. Annaler for nordisk Oldkyndighed og Historie. 1859.
114. — Om Byen Slesvigs Befaestning i Oldtiden og Middealderen. Annaler for nordisk Oldkyndighed og Historie. 1859.
115. **Lorentzen, Th.** Schleswig-Holstein im Mittelalter. Hamburg 1925.
116. **v. Maak, P. H. K.** Urgeschichte des schlesw.-holst. Landes. Prag 1869.
117. **Mager, F.** Entwicklungsgeschichte der Kulturlandschaft des Herzogtums Schleswig in historischer Zeit. I. Breslau 1930.
118. **Mestorf, Joh.** Danewerk u. Haithabu. Mitt. d. anthropol. Vereins in Schlesw.-Holst. Bd. 14, 1901.
119. **Michler, J. M.** Kirchliche Statistik. Kiel 1886—87.

120. **Mielck, E.** Entwicklung d. Verkehrswege in Schlesw.-Holstein. Biernatzkis schlesw. holst. Jahrb. Bd. 2 1885.
121. **Mollwo. C.** Über die Beziehungen d. geogr. Lage Lübecks u. der südlichen Ostseeküsten zu deren Entwicklung in der Geschichte. Mitt. d. geogr. Ges. u. d. naturhistorischen Museums in Lübeck, Heft 12/13. 1899.
122. **Müller, S. u. Neergaard, C.** Danevirke, archaeologisk undersogt, beskrevet og tydet. Sonderdruck der Nar diske Fartidsminder. Kopenhagen 1903.
123. **Niemann, A.** Handbuch der Schlesw.Holst. Landeskunde. Schleswig 1799.
124. **Oldekop, H.** Topographie d. Herzogtums Schleswig. Kiel 1906.
125. **Olearius, A.** Gottorfische Kunstkammer. Schleswig 1674.
126. — Holsteinische Chronic. Schleswig 1663.
127. **Oppel, A.** Die deutschen Seestädte an der Nord- u. Ostsee. Geogr. Zeitschrift. 1911.
128. **Ortelius, A.** Theatrum orbis terrarum. Antwerpia 1595.
129. **Outzen, N.** Untersuchungen über die denkwürdigsten Altertümer Schleswigs u. des Dannewerks. Altona 1826.
130. **Pauls, V.** Das Bistum Schleswig in seiner Stellung zum Norden und Süden. Schlesw.-Holst. Jahrb. 1924.
131. **Paulsen, W.** Meine Vaterstadt Schleswig. Schlesw.-Holst.-Hamburg-Lübeckische Monatshefte Jg. 2. 1927.
132. **Pauly, G.** Altkieler Bürger- u. Adelshaus. Kiel 1926.
133. **Petersen, A. Th.** Beschreibung des Kirchspiels Hollingstedt. Schleswig 1890.
134. **Petersen, U.** Nachrichten von den berühmten cimbrischen Landwehren dem Kohgraben u. dem Danewerk. Noodts Beiträge II Bd., IV. Hamburg 1753.
135. — Sciagraphia. in Westph. Mon. ined. Bd. III, S. 326—330. Lipsiae 1743.
136. — Narratio de coenobio St. Johannis, in Westphalens mon. ined. Tom III, S. 331-360.
137. **Petersen, J.** Bisherige und jetzige Zielsetzung in architektonischer und städtebaulicher Beziehung für die Stadt Schleswig. Schleswig-Holst. Kunstkalender 1927.
138. — Das Einzelhaus in Beziehung zum Straßen- und Ortsbild (gezeigt an Beispielen aus Schleswig), Barmen 1929.
139. **Pfeifer, G.** Das Siedlungsbild der Landschaft Angeln. Veröffentlichungen der Schlesw. Holst. Universitätsges. Nr. 18. Breslau 1928.
140. **Philippsen, H.** Alt-Schleswig. Schleswig 1924 und 1928.
141. — Schleswig-Haithabu. Schleswig 1925.
142. — Kurzgefaßte Geschichte der Stadt Schleswig. Schleswig 1926.
143. — Schleswigs Entwicklungsgeschichte vom Jahre 1870 ab. Schleswig 1927.
144. **Philippsen, H. u. Sünksen, C.** Das Dannewerk in Geschichte u. Sage nebst Führer durch das Dannewerk. Hamburg 1907.
145. **Rauers, F.** Zur Geschichte der alten Handelsstraßen in Deutschland. Gotha 1907.
146. **Reich, H.** Knud Laward, Herzog von Schleswig. Jahrb. für die Landeskunde von Schleswig-Holstein Bd. 10. 1869.
147. **Reinhard, R.** Die wichtigsten deutschen Seehandelsstädte. Forsch. z. d. Landes- u Volkskunde XIII. 1901.
148. **Reuter, Chr.** Der Ostseehandel in früheren Zeiten. Zeitschr. d. Ges. f. Erdkunde. Berlin 1912.
149. — Handelswege im Ostseegebiet in alter u. neuer Zeit. Meereskunde 74. Berlin 1913.
150. **Sach, A.** Geschichte der Stadt Schleswig nach urkundlichen Quellen. Schleswig 1875.
151. — Das Herzogtum Schleswig in seiner ethnographischen und nationalen Entwicklung. Halle/Saale 1896—1907.
152. — Über die Reisewege d. ältesten nordischen Mission u. die Gründung d. Kirche Ansgars. Schr. d. V. f. Schl.-Holst. Kirchengesch. 2. Reihe Bd. 6. 1914.
153. **Scheel, O.** Die Vorgeschichte der neuen Ausgrabungen in Haithabu. Jahrb. d. Schl.-Holst. Universitätsgesellsch. Breslau 1930.
154. — Haithabu und die Kirchengeschichte. Zeitschr. für Kirchengeschichte III Folge I Bd. 50, Heft 3—4. Stuttgart 1931.
155. **Schmeidler, B.** Hamburg-Bremen und Nordosteuropa vom 9.—11. Jahrh. Leipzig 1918.
156. **Schmidt, H.** Gottorfer Künstler. Quellen u. Forschungen zur Geschichte Schlesw.-Holst. Bd. IV. u. V. Leipzig 1916 u. 17.
157. **Schmidt, R.** Schloß Gottorp. Heidelberg 1903.
158. **Schnittger, C. N.** Erinnerungen eines alten Schleswigers. 2 Bde. Schleswig 1890/91.
159. **v. Schröder, J.** Geschichte und Beschreibung der Stadt Schleswig. Schleswig 1827.
160. **v. Schröder-Biernatzky.** Topographie des Herzogtums Schleswig. Oldenburg 1854.
161. **Schuchhardt, K.** Vorgeschichte von Deutschland. München u. Berlin 1928.

162. **Schwantes, G.** Die Ausgrabungen von Haithabu 1930. Jahrbuch d. Schlesw.-Holst. Univ. Gesellsch. Breslau 1930.
163. — Die Schleswig-Haithabufrage im neuen Licht. Nachrichtenblatt für deutsche Vorzeit. Leipzig 1931.
164. — Die Ausgrabungen in Haithabu. Zeitschr. für Ethnologie, 63. Jahrg. 1932.
165. — Führer durch Haithabu. Schleswig 1932.
166. **Steen, J.** Die Sammlung vorgeschichtlicher Altertümer in der königlichen Domschule zu Schleswig und ihre Begründer. Schleswig 1911.
167. **Steenstrup,** Danmarks Sydgraense, Kopenhagen 1900.
168. **Thraziger, A.** Slesvici oppidi olim metropolis cimbricae chersonesi topographia. 1583. abgedruckt im Westphalen, monumenta inedita rerum Germanicarum praecipue cimbricanum et megapolonsium, Bd. III S. 319—26. Lipsiae 1743.
169. **Virchow, R.** Silberfunde im Norden u. Osten Europas. Verhandl. d. Anthropologischen Gesellsch. Berlin 1878.
170. **Vogel, W.** Zur nord- u. westeuropäischen Seeschiffahrt im früheren Mittelalter. Hansische Geschichtsblätter. Berlin 1907.
171. — Die Normannen u. d. fränkische Reich bis zur Gründung d. Normandie (799—911). Heidelb. Abh. z. mittl. u. neueren Gesch. 1906.
172. — Nordische Seefahrten im frühen Mittelalter. Meereskunde. Berlin 1907.
173. — Geschichte der deutschen Seeschiffahrt. Bd. 1. Berlin 1915.
174. **Volkmann, E.** Germanischer Handel und Verkehr. Handelsgesch. der germ. Völker. Würzburg 1925.
175. **Wahle, E.** Vorgeschichte des deutschen Volkes. Leipzig 1924.
176. **Wegemann,** Zustände Schleswig-Holsteins nach dem Erdbuche Waldemars 1231. Ztschr. d. Ges. f. schlesw.-holst. Geschichte Bd. 46. Leipzig 1916.
177. **Witt, K.** Im Bannkreis von Sliasvik und Heithabu. Bilder von der Schlei mit Abb. nach Handzeichnungen v. Erwin Nöbbe. Niedersachsen, Jg. 31. 1926.
178. — Von allerlei Fischfang auf und vor der Schlei. Schlesw.-Holst.-Hansische Monatshefte Jg. 2. 1927.

Verschiedene Aufsätze aus:

179. Jahrbuch, herausgegeben vom Altertumsverein für Schleswig und Umgebung.
180. Zeitschrift der Gesellschaft für Schleswig-holsteinische Geschichte.
181. Schriften des Vereins für Schleswig-holsteinische Kirchengeschichte.
182. Berichte der kgl. S. H. L. Gesellschaft für die Sammlung und Erhaltung vaterländischer Altertümer in den Herzogthümern Schleswig, Holstein und Lauenburg.
183. Die Heimat. Monatsschrift des Vereins zur Pflege der Natur- und Landeskunde in Schleswig-Holstein.
184. Schleswig-Holsteinische Provinzialberichte 1787—1798.
185. Neue Schleswig-Holsteinische Provinzialberichte. Herausg. G. P. Petersen 1811—1816, 1830—1834.
186. Staatsbürgerliches Magazin mit besonderer Rücksicht auf die Herzogthümer Schleswig, Holstein und Lauenburg. Herausg. von N. Falck. 1821—1830.
187. Neues Staatsbürgerliches Magazin mit besonderer Rücksicht auf die Herzogthümer Schleswig, Holstein und Lauenburg. Herausg. von N. Falck. 1833—1841.

Quellen-, Kartenkritisches und Bibliographisches.

188. **Alberti, E.** Register über die Zeitschriften und Sammelwerke für Schlesw.-Holst.-Lauenb. Geschichte. Kiel 1873.
189. **Biereye, W.** Beiträge zur Geschichte Nordalbingiens im 10. Jahrhundert. Berlin 1909.
190. — Untersuchungen zur nordalb. Geschichte im 10. Jahrhundert. Ztschr. d. Ges. f. Schlesw.-Holst. Geschichte Bd 46. Leipzig 1916.
191. **Geerz, S.** Geschichte der geographischen Vermessungen u. der Landkarten Nordalbingiens von 1500 bis 1859. Berlin 1859.
192. **Handelmann, G.** Der Kleinkönig Knuba. Korrespondenzblatt d. Gesamtvereins d. dtschen Geschichts- u. Altertumsvereine Nr. 10. 1887.
193. **Hansen, R.** Beiträge zur Geschichte u. Geographie Nordfrieslands im Mittelalter. Ztschr. d. Ges. f. Schlesw.-Holst.-Lauenb. Geschichte. Bd. 24. Kiel 1894.
194. **Hasse, P.** Das Schleswiger Stadtrecht, Untersuchungen zur dänischen Rechtsgeschichte. Kiel 1880.

195. **Hille, G.** Zur Geschichte des Herzoglich Gottorp'schen Archivs auf Gottorp. Ztschr. d. Ges. f. Schlesw.-Holst.-Lauenb. Gesch. Bd. 26. Kiel 1896.
196. **Jakob, G.** Ein arabischer Berichterstatter aus dem 10. Jahrh. über Fulda, Schleswig . . . 3. Aufl. Berlin 1896.
197. **Lauridsen, P.** Kartografen Johannes Meyer. Dansk Historisk Tidskrift VI. R. I. B 1887/88.
198. **v. Liliencron, A. M.** Beziehungen des deutschen Reiches zu Dänemark im 10. Jahrhundert. Ztschr. d. Ges. f. Schlesw.-Holst. Geschichte. Bd. 44. Leipzig 1914.
199. **Otto, S. J. A.** Die Cypraei Slesvicenses u. ihre Schriften. Ztschr. d. Ges. f. Schlesw.-Holst. Geschichte. Bd. 60. Neumünster 1931.
200. **Ratjen, H.** Verzeichnis der Handschriften der Kieler Universitätsbibliothek, Bd. 1—3. Kiel 1858—66.

Einleitung.

Die schleswig-holsteinischen Fördenstädte haben außer einer vergleichenden Betrachtung [1]) und einer Dissertation über Kiel [2]) noch keine geographische Behandlung erfahren. Auch Hinrichs macht auf diesen Mangel aufmerksam: „Zahlreich sind die Arbeiten über die großen deutschen Seehandelsplätze ... Aber die kleinen Städte im Bereich der über sie hinausgewachsenen großen, die ihnen Licht und Luft nahmen, sind weniger zum Gegenstand spezieller Untersuchungen gemacht worden, als es der interessante Stoff verdiente." [1]) (S. 98)

Nach dem Einteilungsprinzip der preußischen Statistik ist Schleswig eine Kleinstadt (1925: 18 451 Einw.). Und doch erhebt sich an ihren Ufern der höchste **Dom** Schleswig-Holsteins (112 m), dessen Vertikale — besonders betont durch den Gegensatz der meist unbewegten Wasser der Schlei — zu einem Wahrzeichen der cimbrischen Provinz geworden ist. Über 6 km zieht sich die Stadt am Fördenrand hin, oft die Küste nur wie ein schmales Band begleitend (Karte 1), und doch war es nicht wie bei soviel ähnlichen Küstenstädten die wirtschaftliche Nutzung des Ufers, die diesen Grundriß erzeugt hat. Außer einer kurzen Strecke, wo Fischer hinter kleinen Gärten ihre Kähne anpflocken, sind die Ufergelände meist flache Sumpfgebiete, die bei jedem Hochwasser überschwemmt werden (Abb. 1). Dies fällt besonders auf, wenn man von Kiel kommt, wo die Ufer bei gleicher Längserstreckung der Stadt sehr stark und ausnahmslos durch den Siedlungsprozeß umgewandelt sind.

So drängen sich gleich beim ersten Anblick der Schleistadt Probleme auf, die geschichtliche Erklärung erheischen. Das nähere Studium der Eigenart und der verschiedenen Elemente des Stadtkörpers verschärft das Bedürfnis, neben den räumlichen auch die zeitlichen Bedingungen dieser Siedlung zu berücksichtigen. Dies zu zeigen, wird auch eine Aufgabe der Arbeit sein, wie es zugleich Rechtfertigung der in ihr verwandten Methode ist.

---

[1]) Hinrichs, E.: „Lage und Gestalt der Fördenstädte Schleswig-Holsteins in vergleichender historisch-geographischer Betrachtung." Leipzig 1919.
[2]) Hädicke, E.: „Kiel, eine stadtgeographische Untersuchung." Kiel 1931.

A. Die Landschaft der innersten Schleibucht.

1. Das Landschaftsbild.

40 km weit dringt die subglaziale Schmelzwasserrinne der Schlei von der Beltsee her in das jungglaziale Moränengebiet Ostschleswigs ein. Ihr westliches, 1 km breites Ende wird in einem 6 km langen sichelförmigen Bogen von der Stadt Schleswig umsäumt. Rahmen und Geschlossenheit gibt dieser innersten Schleibucht ein scharf ausgeprägter Fördenwall, der in einzelnen Höhen bis zu 50 m und mehr aufsteigt. Wir sind hier im Bereich der kuppigen Grundmoränenlandschaft, die wegen ihrer großen Reliefstärke und zunehmenden Wallform nach Westen im Gegensatz zu Woldstedt (1923, S. 795) von Struck (1931, S. 18) als Endmoränenlandschaft aufgefaßt wird. Es erübrigt sich auf diesen Gegensatz näher einzugehen, da er im Rahmen vorliegender siedlungsgeographischer Untersuchung lediglich ein Streit um Begriffe ist, der an der Auffassung der Landschaft „als stark bewegtes Moränengebiet im unmittelbaren Hinterland des Eisrandes" nichts ändert. Es handelt sich sowohl um Aufschüttungs- wie um Staumoränen (Struck, 1906, S. 45). Der Fördensteilrand selbst wird gegliedert durch kleine Erosionstäler und durch Ausläufer der Schlei, die ihrer Entstehung gemäß den Fördenwall durchbrechen und als subaerische Rinnen in 25 m Höhe den nur 5 km von Schleswig entfernten Sander erreichen. Es sind dies: die Senke des Haddebyer und Selker Noors im Süden, die sich bis Geltorf erstreckt; die Furche des Busdorfer Teichs und das Becken des Burgsees, das sich über einen Riegel hinweg in den jetzt ausgetrockneten Danewerksee fortsetzt (s. Urlandschaftskarte 2). Diese äußerst lebhafte Durchdringung von Hohl- und Vollformen wird noch gesteigert durch die Schwellen der Fördenrinne, die insel-, halbinsel- und randstufenartig über das Wasser herausragen.

Es mag auffallen, daß schlechthin die Landschaft der inneren Schleibucht charakterisiert wird, obgleich der erste Blick auf das Meßtischblatt lehrt, daß dieser Raum nicht von Schleswig ausgefüllt wird (Karte 1). Die seltsamen Schicksale in der Geschichte der Stadt (vor allem das Schleswig-Haithabuproblem) und das allmähliche, gesetzmäßig erscheinende Besitzergreifen morphologisch verschiedener Landschaftselemente machte es ratsam, die Festlegung der Stadt g r e n z e nicht an den Anfang zu stellen, sondern sie als R e s u l t a t dieser Untersuchung hervorgehen zu lassen.

2. Versuch der Rekonstruktion des Bodens und der Gewässer.

Die Entstehungs- und Entwicklungsgeschichte, insbesondere die Grundrißbildung Schleswigs, zeigt eine starke Abhängigkeit von den vielgestaltigen Landschaftselementen. Andererseits sind die ursprünglichen Verhältnisse durch die Besiedlung sehr verändert worden.

Um diese gegenseitige Beeinflussung möglichst deutlich zu zeigen, habe ich den Versuch gemacht, die Urlandschaft zu rekonstruieren (1 : 25 000, Karte 2). Es sind hierbei lediglich die morphologischen und hydrographischen Verhältnisse berücksichtigt worden; denn sie allein sind unentbehrlich für eine hinreichende Erklärung der Entwicklung des Stadtplans. Hinzu kommt, daß sie im Anfang der historischen Zeit (800 n. Chr.), d. h. der Zeit, die für uns im Interesse der Stadtentstehung von Wichtigkeit ist, noch wenig modifiziert waren. Die Rekonstruktion der ursprünglichen Vegetationsform dagegen ist sehr problematisch, da sich um Schleswig wie auch sonst in Schleswig-Holstein (im Gegensatz zu Mittel- und Süddeutschland) Gebiete enger Besiedlung im Neolithikum und dichten Waldes im Beginn der historischen Zeit decken.

Auf die Kartierung der Waldurlandschaft konnte umso leichter verzichtet werden, da diese für die Voraussetzungen der Entstehung einer Stadt bei weitem nicht die Rolle spielt wie bei ländlichen Siedlungen. Während man bei Dorfanlagen eine deutliche Gesetzmäßigkeit zwischen offenem Land und der Zeit und Dichte der Ansiedlungen zu erkennen glaubt, verteilen die Städte sich unabhängig von diesem Faktor über ein besiedeltes Gebiet. Dies ist in der Wirtschaftsform der Stadt begründet. Die mitteleuropäischen Städte sind meist in ländlich schon aufgeschlossenem Gebiet entstanden. In Ausnahmefällen sind die Impulse zur Stadtbildung so stark, daß die Erschlossenheit der nächsten Umgebung gänzlich belanglos ist. Dies wird am Beispiel Haithabu gezeigt werden. Die Kenntnis der Waldbedeckung ist also nicht notwendig für die Erklärung der ersten Anlage der Stadt und die Richtung ihres Wachstums. Wohl aber ist diese Kenntnis wichtig, um die Veränderungen des Landschaftsbildes im Gefolge der Stadtentwicklung festzustellen. Ich habe deshalb ein zweites Deckblatt zum Meßtischblatt verfertigt, auf dem alle Waldbestände eingetragen wurden, die noch auf den Feldrissen des 18. Jahrhunderts[1]) verzeichnet sind[2]). Frühere Quellen (vergl. S. 14, 32, 35f) zeigen, daß seit dem Beginn der historischen Zeit der Holzbestand schon sehr abgenommen hatte. Ungefähr seit 1000 n. Chr. weist Schleswig in fortschreitender Abholzung eine einheitliche Linie auf. Es wechselt dagegen in diesem Zeitraum das Verhalten der Stadt gegenüber den morphologischen und hydrographischen Gegebenheiten.

Im Schleswiger Stadtgebiet ergab sich für die Rekonstruktion der Boden- und Gewässer-Urlandschaft als erstes und gesichertes Ergebnis die Streichung aller künstlichen Dämme, zweitens die Darstellung des gesamten diluvialen Baugrundes als Festland. Hierzu berechtigt die positive Strandverschiebung an der südlichen Ostsee seit der Litorinazeit. Da die geologische Landesaufnahme das Blatt Schleswig noch nicht herausgegeben hat und auch jegliche geologischen und morphologischen Spezialarbeiten für das Gebiet der Oberschlei fehlen, war ich für

---

[1]) St.A.K. 402 A. 4, 101—11.
[2]) Von der Drucklegung dieser Karte mußte aus finanziellen Rücksichten abgesehen werden. Von ihrem Inhalt wird später die Rede sein.

die Kartierung des Diluviums auf eigene Feststellungen angewiesen [3]). Bei der Grundmoränenhochfläche und dem Rinnensteilrand ergab sich der diluviale Charakter aus den morphologischen Formen. Problematisch wurde die Abgrenzung auf den flachen Schwellen im Innern der Schleirinne, wo der Unterschied zwischen dem sumpfigmoorigen Alluvium und den diluvialen Lehm-, Mergel- und Sandböden durch die Besiedlung verhüllt wird. Klärung brachten in Zweifelsfällen Erkundigungen bei Herrn Brunnenbauer Vertens [4]), dessen freundliche Mitteilungen mit genauen Ortsangaben im Anhang (I, S. 67) zusammengestellt sind.

Die Frage, ob eine hohe Kulturschicht die Form einer diluvialen Schwelle vortäuschen kann, wurde für den Altstadtboden, wo mit diesem Problem zugleich die Frage nach den Grundlagen der Entstehung und Entwicklung der Stadt aufs engste verknüpft ist, besonders wichtig. Der 22. Bericht der königl. Schlesw.-Holst.-Lauenb. Gesellschaft für die Sammlung und Erhaltung vaterländischer Altertümer in den Herzogtümern Schleswig, Holstein und Lauenburg (Kiel 1862) meldet: „Diese ganze Gegend (der große Markt mit seiner nächsten Umgebung nebst der Langenstraße) ist künstlich gebildetes der Schlei abgewonnenes Land. Der „Holm" hat mithin seinem Namen in viel auffälligerer Weise als jetzt entsprochen und ist durch breite Arme des Schleistroms von dem übrigen Schleswig getrennt gewesen" (S. 20). Die Aufschlüsse bei den Brunnenbauten dagegen erweisen den Altstadtboden, wie es zu erwarten war, als diluvial. Nirgends ist etwas von der im Bericht (S. 21) vermuteten Moorerde gefunden worden. Alle Häuser rund um den Rathausmarkt stehen auf diluvialen Lehm- oder Tonböden.

Das Gebiet des Georg-Pfingstenweges im Friedrichsberg ließ sich durch urkundliches Material als alluvial bestimmen. Der Akte über die Verleihung eines „Stück Landes, das Öhrr genandt, und die daran liegende Wisch, genandt Mühlenwisch" [5]) ist eine bisher noch nicht veröffentlichte und nicht in den Regestenband der handschriftlichen Karten und Pläne des Kieler Staatsarchivs aufgenommene Situationsskizze beigegeben, auf der der westlich von der Mühlenwisch hinziehende Georg-Pfingstenweg als „Dam" eingetragen ist. (Wiedergabe der Zeichnung Abb. 5). Diese Bezeichnung bestärkte in der Vermutung, daß sich der alluviale Boden der Mühlenwisch unterhalb der erhöhten Straße in die anliegenden Gärten der Friedrichstraße fortsetzt. Nachträglich wurde dieser Schluß durch den Erläuterungsbericht des Schleswiger Entwässerungsprojektes bestätigt [6]).

Für die 1877 noch nicht besiedelten Flächen wurden die Höhen des Meßtischblatts verwandt, für das Gebiet der Baublöcke die Resultate der von mir hergestellten Isohypsenkarte (Karte 4), sofern nicht archivalische Quellen über die Nivellierung des Baugrundes vorhanden waren, die den Unterschied zwischen heutigen und ursprünglichen Höhenzahlen aufdeckten [7]). Außerdem sind noch

---

[3]) Die geologische Übersichtskarte von Schleswig-Holstein, 1 : 300 000, Meyn 1881 ist überholt (sie unterscheidet in dem Oberschleigebiet: Alluvium (Torf und Moor), Mitteldiluvium, Altdiluvium und altdiluvialen steinfreien Tonmergel) und vor allem zu kleinmaßstäbig, als daß man für die Verteilung von Alluvium und Diluvium im engen Schleswiger Stadtgebiet Schlüsse ziehen könnte.
[4]) Vertens, Michaelisstr. 29; Brunnenbaufirma seit 1699.
[5]) St.A.K. XX, 2959, Geben auf Gottorf, d. 10. octobris aº 1668.
[6]) Prof. Neuber Berlin-Charlottenburg, 1927, S. 8, „Die im Zuge der geplanten Umgehungsstraße (Georg-Pfingstenweg) vorgenommenen Bohrungen ergaben, daß die Moorschicht sehr tief ansteht."
[7]) s. Anhang II, S. 68; St.A.K. A XX, 2967.

verschiedene Höhendifferenzen zwischen der rekonstruierten und der tatsächlichen Urlandschaft in Betracht zu ziehen: im allgemeinen Erhöhung des ältesten und Abtragung des jüngsten Stadtbodens. Denn im ältesten Stadtgebiet haben wir mit dem langen Aufschüttungsvorgang durch Kulturschichten zu rechnen, während in den diluvialen Randgebieten der mittelalterlichen Stadt viel Material fortgeschleppt ist, um die alluvialen Niederungen zu überbrücken[8]). Diese frühere Umsäumungszone ist aber durch das jüngste Wachstum der Stadt Untergrund geworden. Die Höhendifferenzen zwischen der rekonstruierten und der tatsächlichen Urlandschaft dürften aber nicht so beträchtlich sein, daß sie die große Grundgliederung des Diluviums in Moränenhochfläche und niedrige Schwellen und damit die Auffassung der maßgebenden morphologischen Grundlagen für die Entwicklungsrichtung der Stadt ändern könnten.

Außer dem Unterschied zwischen Höhen- und Tiefenlage ist innerhalb der Tiefenlage vor allem die Beschaffenheit des Baugrundes wichtig. Es kommt auf die Grenze zwischen diluvialem Festlandboden und jungem für Bauzwecke ungeeignetem Alluvium an.

Verhältnismäßig unbedeutend war in der Urlandschaft die Grenze zwischen Alluvium und Wasser; denn häufig überschwemmte Wiesen und Gewässer haben, abgesehen von Hafen- und Fischereinutzung, beim Siedlungsprozeß dieselbe Funktion: im Beginn der historischen Zeit werden sie als Schutzring begehrt, bei der weiteren Ausbreitung der Stadt bilden sie Umgehungszonen, die z. T. schließlich doch überbrückt werden und damit umgestaltenden Einfluß auf das Verkehrsnetz gewinnen[9]). Es beeinträchtigt deshalb den Wert der Urlandschaftskarte kaum, daß die Alluvial-Wassergrenze nur vermutungsweise gezogen werden kann. Da die Alluvialbildung heute noch im Gange ist, fehlt jede naturwissenschaftliche Handhabe, ihre Grenze für einen bestimmten Zeitpunkt anzugeben. Außerdem ist zu bedenken, daß bei dem wechselnden Wasserstand und der starken Verlandung der Schlei diese Grenze nie eine scharfe Linie war, sondern ein mehr oder minder breiter Schilfsaum. Um der einheitlichen Durchführung willen ist in Zweifelsfällen zu Gunsten des Alluviums und zu Ungunsten des Wasserspiegels entschieden. Gesichert bleibt dann nur der Wegfall aller Niederungsteile, die auf den Karten von 1875, 1823 und vor allem auf der im Staatsarchiv Kiel befindlichen, im Jahre 1761 von Neynaber und Hemsen aufgemessenen Spezialkarte der Gegend um Schleswig noch nicht eingezeichnet sind. Die Stadtpläne von 1649 und 1584 sind für diesen Zweck unbrauchbar. Von der abweichenden Behandlung verschiedener Landschaftselemente auf dem Braunschen Stadtbild und dem stark schematischen Verfahren auf der Dankwerthschen Karte wird weiter unten noch ausführlich die Rede sein.

Die mit der eben besprochenen Methode gewonnene Urlandschaftskarte (Karte 2) zeigt in stärkerem Maße als das Meßtischblatt die Zerfetzung der innersten Schleilandschaft in kleinflächige Formen. Nur durch den besonders im Norden und Westen gut ausgebildeten Fördenwall wird diese Landschaft zur Einheit geschlossen. Im Norden hat der Fördensteilrand auf einer Strecke von

---

[8]) vergl. St. A. Sch. Kämmereirechnungen 1621 und 1695.
[9]) Diese gleichen Beziehungen, die Wasser und Sumpf zu einer Siedlung haben, sprechen sich auch in der geographischen Nomenklatur aus: „Insellage" und „Moorinsellage".

100 m eine Reliefenergie von 25 m. Seine hervortretendsten Kuppen sind Tiergarten, Hesterberg, Foetjenberg mit Schneckenberg, Michaelisberg und Gallberg. Von den Einsattelungen zwischen diesen Kuppen fließen Bäche zur Förde hinunter: westlich und östlich des Hesterberg [10]), westlich des Michaelisberg [10]) und der zwischen Michaelis- und Gallberg in einer 100 m breiten Rinne fließende St. Jürgensbach, dessen Talaue im Süden in die Alluvialniederung der Kälberwiese und Königswiesen übergeht. Zwischen der Kälberwiese und dem Holmer Noor streckt der Südabhang des Gallbergs einen schmalen, sich verflachenden Sporn der Altstadtinsel entgegen. Eine andere Schwelle taucht in der dem Foetjenberg randstufenartig vorlagernden Platte des Domziegelhofs, in der durch die Königswiesen landfest gewordenen Lusborg und in der Meweninsel über das Wasser empor. Zwischen Meweninsel und Lusborg ist die Schlei sehr flach [11]), so daß hierdurch und durch die Winkellage zwischen Altstadt und Lollfuß (vergl. Meßtischblatt) die Entstehung der breiten Königswiesen sehr gut zu verstehen ist. Ohne Landverbindung liegen vor dem Fördenrand die Inseln Holm und Gottorf.

Im Westen verliert der Fördensteilrand durch die tiefen Einschnitte des Burgsees und Busdorfer Teichs an Geschlossenheit. Im Erdbeerenberg erlangt er auf heute bebautem Gebiet die Höhe von 26 m. Die südöstliche Fortsetzung des Erdbeerenbergs hat wieder flachen Schwellencharakter, wie auch die „lange Platte" und „Öhr". Jenseits des Busdorfer Teichs wandelt sich die Landschaft: selten werden Höhen über 30 m erreicht. Westlich der Oldenburg ist die Schleirinne nicht durch einen hohen Fördenwall von der Heide des schleswig-holsteinischen Mittelrückens getrennt. Eine differenziertere Ortsanalyse erübrigt sich hier, da wir uns nicht mehr auf Stadtgrund befinden.

Zusammenfassend lassen sich folgende morphologisch bedingte Typen des Stadtbodens als die wichtigsten herausstellen:

1) die sumpfigen Alluvialniederungen,
2) die flachen, bis 6 m hohen Schwellen,
3) der Fördensteilrand, der nur in Hesterberg und Gallberg einen Abhang mit geringer Böschung vorstreckt, sonst aber unvermittelt aus 4—8 m zu 20—35 m ansteigt (vergl. Isohypsendarstellung, Karte 4),
4) die kuppige Grundmoränenhochfläche.

3. Die Schlei.

Im Gegensatz zu den benachbarten 20—30 m tiefen Förden ist die Schmelzwasserrinne der Schlei nachträglich nicht von einer Eiszunge übertieft worden. Martens, 1927, der die Bezeichnung „Förde" mit Recht morphologisch eindeutig angewandt wissen will, nennt nur die durch Zungenbecken übertieften, meererfüllten Rinnen Förde und im Gegensatz zu diesen die Schlei einen „Binnensee". Der morphogenetische Gegensatz der Schlei zu den echten Förden zeigt sich auch in andern, z. T. durch die Flachheit bedingten Eigenschaften, die ihrerseits wiederum auf den Charakter der Stadt Schleswig zurückwirken. Hierzu gehört die

---

[10]) noch dargestellt auf dem Stadtplan von 1649, vergl. Abb. 4.
[11]) s. Schröder, S. 309: 1824 war das Wasser der Schlei bei „Stürmen aus S. und N.W." so zurückgetreten, daß man nach dem Mewenberge gehen konnte.

starke **Verlandung**, die zu den ausgedehnten Alluvialbildungen geführt hat und dauernd die Ufer verändert, während die echten Förden ihre Form fast unverändert beibehalten. Die beaufsichtigte Fahrrinne ist 4 m tief, die übrigen Gewässer um Schleswig sind flacher. Das Holmer Noor ist nach einer Mitteilung des Herrn Archivar Petersen nach derzeitigen Arbeiten des Tiefbauamtes etwa 1—1,5 m tief. Abgesehen von wenigen kurzen Strecken und den Stellen, wo der Mensch dem natürlichen Vorgange vorauseilend mit künstlichen Aufschüttungen ins Wasser hinausgerückt ist, umsäumt hohes Schilf in wechselnder Breite die Ufer Schleswigs. Der schmale östliche Teil des Burgsees, der die Insel Gottorf vom Festland trennt, ist ganz mit Schilf bewachsen. Das Luftbild (Abb. 1), in dem man von Westen über den innersten Schleiwinkel schaut, zeigt den Gegensatz zwischen der scharfen, künstlichen Wassergrenze am Eisenbahndamm südlich des Lollfuß und dem infolge der Neulandbildungen reich gegliederten Ufer der nach Osten anschließenden Königswiesen. Im Hintergrund wird diese lappige Küste von dem Bollwerk der Schiffbrücke abgelöst.

Mit der geringen Tiefe der Schlei hängt sicherlich auch ihre leichte **Eisbildung** zusammen. Ein Ausschnitt einer Tabelle von Hinrichs mag dies verdeutlichen.

Tabelle: (Nach Hinrichs, 1919, S. 122.)

Tage an denen	Segelschiffahrt		Dampfschiffahrt geschlossen	Eis gemeldet
	erschwert	geschlossen		
Flensburger Hafen	3,25	1,75	—	7,3
Schleimünde bis Schleswig	10,9	10,3	4,1	30,25
Eckernförder Hafen	3,7	5,5	0,2	11,8
Kieler Hafen	0,4	0,2	—	2,4

4. Klima.

Klimatisch gehört Schleswig zum Cfb Klima Köppens. Die mittlere jährliche Niederschlagshöhe ist nach Beobachtungen von 1892—1901 in Schleswig bei 29 m Meereshöhe: 804 mm (Hellmann 1902, S. 5). Damit übersteigt sie die Durchschnittshöhe der Provinz um fast 100 mm; denn die mittlere Niederschlagshöhe Schleswig-Holsteins beträgt 718 mm. In Nordwestdeutschland wird diese Stufe sonst nur in den Weserbergen und im Harz wiedererreicht. Auf der Regenkarte (Hellmann 1902) tritt Schleswig mit Umgebung auch deutlich als Insel größerer Niederschlagsmenge hervor. Nach Hellmann (S. 15) kommt hier „die Abhängigkeit des Betrages der Regenmenge von der Höhenlage des Ortes deutlich zum Ausdruck". Auf die Monate verteilt sich die Niederschlagsmenge in % der mittleren Jahresmenge wie folgt:

I	II	III	IV	V	VI	VII	VIII	IX	X	XI	XII
6,5	5,5	6,4	4,8	6,2	8,2	11,0	12,5	10,2	12,4	8,0	8,2

(Hellmann 1902, S. 20.)

B. Die räumliche Entwicklung Schleswigs.

I. Die städtischen Siedlungen an der innersten Schleibucht, ehe die Ortslage der Altstadt Schleswig geschichtlich sicher bezeugt ist (800—1000).

1. Die ersten geschichtlichen Nachrichten und das Problem der Stadtentstehung.

Am 24. 3. 1609 machen Rat und Bürgerschaft der Stadt Schleswig dem Domkapitel gegenüber ihr Recht mit folgenden Worten geltend: „Denn es ist erweislich und notorium, daß die Stadt Schleswig, als die Historien melden, f ü r Christi Geburt erbaut gewesen. Da man darin keinen Thumbherrn gewust, viel weniger daran gedachte, daß sie künftig darin kommen sollten." (Sach 1875, S. 12) So wenig diese Nachricht, obwohl in einem amtlichen Schreiben, als historisch verbürgt gelten darf, so sehr zeigt sie doch, wie stark das Bewußtsein von dem ehrwürdigen Alter der Stadt bei ihren Bürgern von jeher ausgebildet war. Die Ursprünge städtischer Siedlung an der innersten Schleibucht reichen weiter zurück als unsere historische Überlieferung. 1012 wird ein befestigter Ort Slesvig, Slaswyk an der Themse erwähnt[1]). „Daraus dürfen wir wohl auf das Bestehen einer Ortschaft gleichen Namens in den alten Sitzen" der Angeln und Sachsen vor ihrer Auswanderung nach Britannien zurückschließen (Sach 1875, S. 12). Adam Thraziger, der 1583 die erste Topographie Schleswigs geschrieben hat, spricht die völlige Unsicherheit gegenüber dem Problem der Stadtentstehung bereits aus.

Die erste geschichtliche Nachricht finden wir in Einhards Annales 804: „Eodem tempore Godofridus rex Danorum, venit cum classe sua et omni equitatu regni sui ad locum, qui dicitur Sliesthorp, in confinio regni sui et Saxoniae" und 808: „Godofridus vero, priusquam reverteretur, destructo emporio, quod in oceani litore constitutum, lingua Danorum Reric dicebatur, et magnam regno illius commoditatem vectigalium persolutione praestabat, translatisque inde negotiatoribus, soluta classe ad portum qui Sliesthorp dicitur cum universo exercitu venit. Ibi per aliquot dies moratur, limitem regni sui qui Saxoniam respicit, vallo munire constituit, eo modo, ut ab orientali maris sinu, quem illi Ostarsalt dicunt, usque ad occidentalem oceanum totam Aegidorae fluminis aquilonalem ripam munimentum valli praetexeret, una tantum porta dimissa, per quam carra et equites emitti et recipi potuissent: diviso itaque opere inter duces copiarum, domum reversus est."

Bugge (1913) glaubt aus „Sliesthorp" folgern zu dürfen, daß die Stadt ursprünglich ein Dorf gewesen sei. „Eine Stadt wurde Schleswig erst 808, als der Dänenkönig Gottfried die in Reric ansässigen Kaufleute in Sliesthorp ansiedelte."

---

[1]) Suhm 3, 406.

(S. 139) Und Fuglsang (1931) stellt weiter fest: damit schuf Gottrik „etwas für den Norden ganz Neues: den ständigen Markt in der Form der alten römischen Kolonialniederlassungen." (S. 6) Der Wortlaut der Annalen berechtigt zu diesen Schlüssen nicht; nirgends wird gesagt, daß die Kaufleute aus Reric in Schleswig a n g e s i e d e l t werden. Außer der ausführlichen Beschreibung der Entstehung des Danewerks, des noch heute von Schleswig bis Hollingsted verfolgbaren Grenzwalles, besagt die Quelle l e d i g l i c h , d a ß e s 8 0 8 e i n e n p o r t u s , d . h . H a f e n o d e r Z u f l u c h t s o r t f ü r S c h i f f e a n d e r O b e r s c h l e i g e g e b e n h a t .

Auch der Name „Sliesthorp" im Gegensatz zum späteren „Sliasvik" erlaubt keine sicheren Schlüsse über die ursprüngliche Art und Funktion des Hafens. Das Wort „Sliesthorp" ist fränkischer Herkunft. Auf jütisch-dänischem Gebiet ist „thorp" die Bezeichnung eines späteren Ausbaudorfes regelmäßig mit einem Personennamen verbunden (Sach 1914, S. 13). Einhards Sliesthorp kann eine mißverstandene Übersetzung sein; denn die Franken kannten vic = Bucht in der nordischen Bedeutung nicht, nach ihrem Sprachgebrauch bezeichnet das Wort vic nur Dorf. Diese Möglichkeit einer mißverstandenen Übersetzung zieht auch schon Dankwerth in Betracht (1652, S. 113).

Auf Grund des Einhardtextes muß also festgestellt werden, daß die Entstehung Schleswigs vollkommen problematisch bleibt. Auch über die Lage des Hafens im 9. Jahrh. erfahren wir nichts.

Reicheren Aufschluß als Einhard gibt 40—50 Jahre später die zeitlich folgende Quelle, die Lebensbeschreibung Anskars (Rimbert: vita Anskarii). Anskar begleitete als christlicher Berater den Dänenkönig Harald, der sich 826 in Mainz taufen ließ, in sein Reich und gewann dort so großen Einfluß auf den Herrscher, daß der König ihm erlaubte, eine Kirche zu bauen: „in portu quodam regni sui ad hoc aptissimo ... Sliaswich vocato, ubi ex omni parte conventus fiebat negotiatorum, ecclesiam illi fabricare permisit.... episcopus (Anskar) ... statim ... perfecit. Ex consecrata ecclesia in honore sanctae genetricis Dei Mariae.... Multi namque ibi antea erant christiani, qui vel in Dorstado vel in Hammaburg baptizati fuerant, quorum quidam primores ipsius vici habebantur.... Factumque est gaudium magnum in ipso loco, ita ut etiam gentis huius homines absque ullo parvore, quod antea non licebat, et negotiatores tam hinc quam ex Dorstado locum ipsum libere expeterent, et hac occasione facultas totius boni in ibi exuberaret." (Kap. 24, S. 56).

Die Hafenstadt Schleswig erhält die erste Kirche des Nordens. Sie war dazu besonders geeignet. Aus allen Himmelsrichtungen kamen hier die Kaufleute zusammen; viele von ihnen, darunter die angesehensten des Ortes, waren schon vorher in Dorestat oder Hamburg getauft. Folge des Kirchenbaus ist neuer Zuzug von Kaufleuten und stärkeres Aufblühen der Handelsstadt.

Über die topographische Lage des Hafenortes erfahren wir auch diesmal nichts. Aber d i e S t e l l u n g S c h l e s w i g s i m H a n d e l s v e r k e h r w i r d h e l l b e l e u c h t e t , u n d d e r u r s ä c h l i c h e Z u s a m m e n h a n g d i e s e r S t e l l u n g m i t d e r a u s i h r f o l g e n d e n k i r c h l i c h e n B e d e u t u n g d e r S t a d t kann nicht klarer dokumentiert werden.

Für das Jahr 948 ist Schleswig als Bischofssitz bezeugt: „Item sinodus apud Angleheim habita . . . episcopi quoque qui ex diversis confluxerant, . . . Horath Sleoswicensis episcopus"[1]). Das kirchliche Moment ist nicht nur ein unentbehrliches Glied zum Verständnis der Entwicklungsgeschichte Schleswigs, sondern auch heute noch ein ausschlaggebender Bestandteil des Stadtbildes.

2. Das Sliasvik-Haithabuproblem.

Die Unsicherheit der zeitgenössischen literarischen Quellen über die Ortslage Schleswigs dauert fort bis ins 12. Jahrh. und wird noch bedeutend vergrößert durch das Auftauchen eines zweiten Stadtnamens und „portus" für die Landschaft der innersten Schleibucht: „aet Haethum", „Haithabu", „Heddebui"[2]). Haithabus Lage kann durch die Ausgrabungen von 1900—1932 eindeutig mit dem umwallten Halbkreisgebiet der Oldenburg am Westufer des Haddebyer Noors identifiziert werden[3]); aber seine Beziehungen zu Sliaswik sind noch ungeklärt.

Dadurch wird das Ortslagenproblem des ursprünglichen Sliasvik ein Teil der umfassenderen Schleswig-Haithabufrage, deren Gesamtdarstellung den Rahmen des Themas einer Stadtgeographie von Schleswig sprengen würde. Dennoch kann die Schleswig-Haithabufrage wegen ihrer innigen Beziehung zum Problem der ersten Entwicklung Schleswigs nicht umgangen werden und muß soweit herangezogen werden, wie sie unmittelbar auf die Ortslagen- und Entwicklungsprobleme Schleswigs führt[4]).

Zwei Runensteine des 10. Jahrh. in der Nähe des Oldenburghalbkreiswalles melden den Namen „um haithabu", „at hithabu". In der Literatur des 10.—11. Jahrh. wird der Name Haithabu gleichbedeutend mit Schleswig gebraucht. Zum ersten Mal in der Chronik des Ethelwerdus um 960: „Porro Anglia vetus sita est inter Saxones et Giotos, habens oppidum capitale, quod sermone Saconico Slesuuic nuncupatur, secundum vero Danos Haithaby." (I, S. 474) Ebenso bei Adam von Bremen „Sliaswich, quae nunc Heidiba dicitur", „apud Heidibam, quae Sliaswig dicitur", „Sliaswig, quae et Heidiba dicitur."[5]) Das Gleiche wiederholt sich bei späteren Geschichtsschreibern des 12. und 13. Jahrh.: Malmesbury[6]) und Helmold[7]).

Die Ausgrabungen haben die Nachrichten von dem Handelshafen H a i t - h a b u vollauf bestätigt. Haithabu ist die größte Siedlung des Nordens der damaligen Zeit (Scheel 1930). Die umwallte Fläche beträgt 28 ha und übertrifft die be-

---

[1]) Richeri Historiarum libri IV ex codice Saeculi X: II, 69, S. 95—96.
[2]) Ottar um 875—890, Rask. Saml. Afh. I., S. 320: „to þaem porte, þe mon haet aet Haeðum".
[3]) Knorr 1924, Scheel 1930, Schwantes 1930, 1932.
[4]) Eine Gesamtdarstellung der Schleswig-Haithabufrage hat über den hier eingeschlagenen Weg hinaus ausführlich den Forschungsgang der Ausgrabungen mit eingehender Betrachtung aller Funde, die genaue Ortslagenanalyse der alten Siedlung innerhalb der Oldenburg-Umwallung und die kritische Beleuchtung aller bisher aufgetauchten Hypothesen und Theorien nach dem Stande der neuesten Ergebnisse zu bringen.
[5]) Adam Bremensis: Gesta Hamburgensis ed. Schmeidler lib. I, cap. LVII, S. 56, lib. II, cap. XXXV, S. 96, lib. IV, cap. I, S. 228.
[6]) „Sceaf. adulta aetate regnavit in oppido quod tunc Slaswic, nunc vero Haithebi appellatur. Est autem regio illa Anglia Vetus dicta, unde Angli venerunt in Britanniam, inter Saxones et Gothos constituta." (lib. II, § 116, S. 121).
[7]) „Sleswich, que alio nomine Heidibo dicitur". (I, 24. S. 51).

rühmte Handelsstadt Birka um das 3fache (Sach 1907, S. 139: Birka: 8 ha) und den Raum des Schleswiger Altstadtbodens um das 2fache. Die Grabungen von 1930 haben ergeben, daß im Süden und im Westen der ganze Platz bis an den Wall heran bebaut war (Scheel 1930; Jankuhn 25. XI. 32) [7a]. Ein Friedhof mit Sargbestattungen und ein Pilgerzeichen deuten auf christlichen Ritus hin. Chronologisch erstrecken sich die archäologischen Funde von ungefähr 820—1000. Die Ergebnisse der Grabungen haben zu der Ansicht geführt, daß in dem Halbkreiswall am Westufer des Haddebyer Noors die alte Handelsstadt mit dem Doppelnamen Schleswig-Haithabu zu suchen ist (Scheel 1930; Schwantes 1930). Dieser Ansicht steht eine andere gegenüber, daß wir für die Zeit des 9.—11. Jahrh. mit einer Doppelsiedlung zu rechnen haben: Sliasvik am Nordufer (auf dem Altstadtboden und vielleicht auch auf dem Holm) und Haithabu am Südufer der Schlei. Innerhalb dieser Theorie gibt es alle Abstufungen je nachdem, welcher der beiden Siedlungen die führende Bedeutung zuerkannt, wie man sich einen eventuellen Bedeutungswechsel im Laufe der Zeit vorstellen kann, und in welcher Art eine Namensübertragung von einer Siedlung auf die andere stattgefunden haben kann.

Eine Lösung des Problems ist noch nicht möglich. Wie bereits oben gezeigt wurde, versagen die zeitgenössischen literarischen Quellen. Altertumsfunde der gleichen Zeit von 800—1000 fehlen für das Gebiet des heutigen Stadtuntergrundes vollkommen. Von den in der archäologischen Landesaufnahme Schleswig-Holsteins für die Stadt Schleswig kartierten Funden ist nur einer für die Altstadt bestimmt nachweisbar (K. S. 12 252 a—e), und dieser für die „Wikingerzeit oder später" anzusetzen (nach einer freundlichen Auskunft von Herrn Professor Rothmann, Kiel). Der Runenstein, der 1897 von Haupt im Fundament des Domes gefunden wurde, ist aus Kalkstein, im Gegensatz zu den Granitrunensteinen Haithabus. Er wird von Liliencron und Wimmer (1898, S. 5 und S. 22) in die letzte Hälfte des 11. Jahrhunderts verwiesen. Selbst wenn diese Datierung verfehlt wäre, und der Stein doch aus dem 9.—10. Jahrhundert stammen sollte, besagt er nichts, da für große Monumentalbauten das Material meilenweit herangeschleppt wurde. Der Schleswiger Dom enthält außer rheinischem Tuff auch schonischen Sandstein und gotländischen Kalkstein. Der Mangel an Altertumsfunden kann in der schweren Zugänglichkeit, die jeder seit Jahrhunderten eng bebaute Stadtboden gegenüber archäologischen Aufschlüssen aufweist, begründet sein. Für einen exakten Beweis müßte der Altstadtboden systematisch untersucht werden.

Auch der Versuch, das Danewerk zur Lösung der Frage heranzuziehen, ist unzureichend, solange dieses in vielen Phasen aufgebaute Verteidigungswerk selbst noch der Klärung bedarf.

Im Schleswiger Petridom scheint eine ältere Kirche aufgegangen zu sein; denn das Schiff ist dem Hl. Laurentius geweiht: „Capitulum slesvicense habet jus conforendi ... chorum parochialem B. Laurentii in choro Ecclesiae Schlesvicense." [8] Daß das Vorhandensein einer Kirche nicht notwendig auf die Existenz

---

[7a]) Die Grabungen nach Fertigstellung dieser Arbeit ergaben auch die Bebauung der Stadt im Norden. Der Nordschnitt zeigte sogar eine bisher noch nicht beobachtete Dichte der Häuser. (nach Günther Haseloff, Schleswiger Nachrichten vom 15. IX. 33).

[8]) Registrum capituli Slesvicensis 1352—1407, Langebeck, Scriptores rerum Danicarum, VI. S. 583.

einer Siedlung um diese Kirche herum schließen lassen muß, wird das Beispiel der Michaeliskirche zeigen.

Für den später noch zu besprechenden wichtigen Überlandverkehr der Handelsstadt nach Hollingstedt ist ohne Frage die Lage Haithabus geeigneter als die der Altstadt. Vom Haddebyer Noor aus brauchten Schiffe und Waren nur eine 22—25 m hohe Wasserscheide zu überwinden, um dann auf flacher Heide, auf dem Wasser der Rheiderau oder in künstlichen Gräben bis Hollingstedt zu gelangen. Von Schleswig aus ist dagegen ein mühsames Erklimmen des Fördensteilrandes und ein relativ beschwerlicher Weg über das Auf und Ab der stark bewegten Moränenlandschaft notwendig [9]), wenn nicht (wie die meisten Geschichtsschreiber, die ein nördlich der Schlei gelegenes Schleswig bereits für die Zeit von 800—1000 annehmen, vermuten) von der Altstadt zum Südufer herübergefahren und dann der soeben für Haithabu beschriebene Weg eingeschlagen wurde. Allerdings ist zu bedenken, daß das auf Altstadtboden geschichtlich bezeugte Schleswig in den ersten Jahrhunderten auch lebhaften Verkehr nach Westen unterhielt [10]) und daß die rheinischen Tuffsteine der ältesten Kirchen [11]) auch von der Westküste zur Schlei herüber befördert worden sind [12]).

Die kurze Übersicht über die Methoden, die man eingeschlagen hat, um das Schleswig-Haithabuproblem aufzuhellen, hat gezeigt, daß das Material zur Lösung der Frage noch nicht ausreicht. Nur eine archäologische Untersuchung kann Klarheit bringen.

3. Verkehrslage der inneren Schleibucht und ihre handelsgeographische Bedeutung.

Die genannten Schwierigkeiten machen die Untersuchung der geographischen Lagebeziehungen Schleswig-Haithabus für das 9.—11. Jahrh. keineswegs sinnlos. Denn unabhängig von der Feststellung der Ortslage Sliasviks liegen die Kausalzusammenhänge zwischen den Funktionen des frühmittelalterlichen Oberschleigebietes und der weiteren historischen Entwicklung der Stadt Schleswig offen zutage.

Diese Beziehungen fordern sogar eine eingehende Würdigung der frühmittelalterlichen handelsgeographischen Bedeutung der innersten Schleibucht. Diesem Zweck entspricht die Textsammlung zeitgenössischer Quellen über den Handelsverkehr im 9.—12. Jahrhundert (Anhang III. S. 69). Ihre knappe Zusammenstellung sollte ursprünglich als Grundlage für eine Karte des derzeitigen nordeuropäischen Handelsverkehrs dienen, die aber bei Beschränkung der Kartenbeilagen ausscheiden mußte, da sie inhaltlich vollkommen durch die Textsamm-

---

[9]) Höchste absolute Höhe, die auf dieser Strecke erreicht wird: 41 m.
[10]) vergl. S. 22.
[11]) vergl. S. 18.
[12]) Dieser Weg ist durch das Vorkommen des Tuff selbst aufgezeichnet. Außer in der Schleistadt ist im Herzogtum Schleswig sonst nur an der Westküste Tuff verwandt worden: Ripen, Sylt, Föhr, Pellworm. Haupt. 1924, S. 33. „Dagegen fehlen Tuffbauten auf dem Festlande und in Eiderstedt, nur daß Koldenbüttel den Chor mit Tuff bekleidet zeigt. Dieses Vorkommen knüpft sich an den starken Verkehr der Stadt Schleswig, der gerade hier vorbeiging. . . . An der für diesen Verkehr bedeutsamsten Stelle, zu Hollingstedt, ist ein Tuffbau erhalten: die jetzige Kirche."

lung ergänzt werden kann. Es sind in dieser Sammlung die betreffenden §§ des alten Schlesiwger Stadtrechts (um 1200), die Nachrichten von Rimbert aus der Vita Anskarii (9. Jahrhundert) und von Adam v. Bremen aus der Gesta Hamburgensis ecclesiae (11. Jahrh.), die Reisebeschreibungen von Ottar und Ulfsten aus King Alfred's Orosius (circa 890) und die aus der Laiðarvisis des isländischen Abtes Nikolaus Bergson zu Munkþera († 1159) zusammengestellt worden. Wegen der offenstehenden Schleswig-Haithabu-Frage ist das Oberschleigebiet als Einheit behandelt worden. Die zentrale Knotenlage, die Schleswig-Haithabu im Netz der damaligen Verkehrslinien einnahm, kommt deutlich zum Ausdruck. Hier treffen sich die westlichen Linien von Dorestade am Niederrhein, England und Island und spalten sich wieder auf nach der südlichen Ostseeküste (Jumne, Truso, Seeburg) Bornholm, Gotland, Schonen, Birka und Nowgorod, von wo der Weg nach Süden [13]) über Kiew nach Konstantinopel geht und andererseits über Bulgar (auf dem 55° nördl. Br. am linken Wolga-Ufer) nach Itil (Astrachan). Dieser Weg setzt sich jenseits des Kaspischen Meeres in die Tarimroute nach China fort. Für Schleswig-Haithabu bestätigt sich das Wort Rimberts: „Ubi ex omni parte conventus fiebat negotiatorum" (cap. 24).

Die zeitgenössischen Quellen über die große Handelsstadt Schleswig-Haithabu werden durch numismatische Funde bestätigt. In Haithabu selbst wurden Münzen geprägt, die die Dorestädter Münzen Karls des Großen nachahmen. Der Fund griechischer und arabischer Münzen bekundet die Beziehungen zum fernen Morgenland.

Wie die besondere Stellung der innersten Schleibucht in der „hervorragenden Gunst" ihrer Lage begründet ist, führt Hinrichs (1919) in der vergleichenden Betrachtung der schleswig-holsteinischen Fördenstädte aus. Gleich einem Riegel schiebt sich die cimbrische Halbinsel zwischen Ost- und Nordsee. Die gefahrbringende Fahrt um Skagen wurde von den Schiffern gemieden [14]). So blieb für den Ost-Westverkehr nur die Überquerung der Halbinsel. Dieser Ost-Westverkehr suchte von jeher, vor allem als es noch keine Straßen gab, den „kürzesten Überlandweg". „Am meisten aber engten die Schlei und Treene, deren Schiffbarkeit bei Hollingstedt begann, die Halbinsel ein, zumal die Westküste noch nicht durch Deiche geschützt war und die Flut ungehindert weit in die Eidersenke eindrang." (S. 104 und 143).

Weil die Tabelle von Hinrichs sehr aufschlußreich ist, gebe ich einen Teil derselben wieder:

Lübeck	—	Außenalster	52 km
Kiel	—	Kellinghusen	48 „
Kiel	—	Flemhude	10 „
Kiel	—	Rendsburg	30 „
Kiel	—	Altona	85 „

---

[13]) Hennig 1912, S. 437. — Münzfunde zeigen diesen „chronologisch gut bestimmten Handelsverkehr" aus Arabien auf, „der jedoch mit Ausschluß des eigentlichen Deutschlands und einiger slawischer Länder geführt ist." (S. 436).
[14]) Die ersten Fahrten aus der Nordsee nach Schonen mögen etwa ins zweite Viertel des 13. Jahrhunderts fallen. Der erste urkundliche Nachweis liegt für 1251 vor. Vogel 1915, S. 185.

Eckernförde	— Sehestedt	12 km
Schleswig	— Hollingstedt	15 „
Schleswig	— Husum	33 „
Schleswig	— Friedrichsstadt	33 „
Flensburg	— Rendsburg	57 „
Flensburg	— Husum	43 „
Flensburg	— Tondern	36 „
Apenrade	— Tondern	36 „
Hadersleben	— Ripen	47 „

Die kürzeren Strecken Kiel-Flemhude und Eckernförde-Sehestedt brauchen zu ihrer Ergänzung eine lange Binnenwasserfahrt auf der Eider.

Die Olaf Trygvesons und Heimskringla Sagas bezeichnen die untere Eider und Treene noch als „Meerbusen" (Petersen 1890, S. 16). Bis Hollingstedt reicht das Danewerk; Einhard sagt: „ad occidentalem oceanum". Verschiedene Urkunden des 14. und 15. Jahrhunderts bezeugen, daß auf der Treene Handelsschifffahrt betrieben wurde [15]). Wie eben schon besprochen wurde, zeigt auch das Vorkommen der Tuffbauten den Querweg nach Osten. § 30 des Schleswiger Stadtrechts beweist, daß Hollingstedt der Umschlagsplatz vom Land- zum Seeverkehr war [16]). Untersuchungen und Probegrabungen vom Kieler Museum vorgeschichtlicher Altertümer haben im Sommer 1932 auch die Ortslage der wikingerzeitlichen Siedlung in Hollingstedt genau bestimmen können. Zahlreiche Pingsdorfer Keramikscherben zeigen die engen Beziehungen zum rheinischen Kulturgebiet (Jankuhn, 16. X. 32). In gewissen Fällen ist der Isthmus Schleswig-Hollingstedt auch als Wolokstelle benutzt worden [17]). Die älteste Spezialkarte Schleswig-Holsteins von Markus Jordanus, 1559 im Atlas „Theatrum orbis terrarum" von Abraham Ortelius (Antwerpia 1595), bringt die Auffassung von der Kürze des Querweges Schlei-Treene lebhaft zum Ausdruck. Die Karte ist in den Proportionen verzeichnet, hebt aber das Charakteristische besonders hervor.

Die Bedeutung der innersten Schleibucht beruhte lediglich auf dem Transithandel. Eigenhandel hatte Schleswig wegen Mangels an Hinterland nicht (Kießelbach 1907, S. 146). Wie die Landschaft, in die die Oberschlei eingebettet ist, damals aussah, als sich in Schleswig-Haithabu der gesamte Durchgangshandel von Ost- und Nordsee konzentrierte, erzählt Adam von Bremen: „Flumen Egdore, . . . qui oritur in profundissimo saltu paganorum Isarnho quem dicunt extendi secus mare barbarum usque ad Sliam lacum." „Pars Daniae, quae . . . ab Egdore in boream longitudine protenditur, . . . : in terra fugitur propter inopiam fructuum, in mari vero propter infestationem pyratorum. Vix invenitur culta in aliquibus locis, vix humanae habitationi oportuna. Sicubi vero brachia maris occurrunt, ibi civitates habet maximas." (Lib. IV, Cap. I. S. 227 f.) Treffender kann die

---

[15]) Hansisches Urkundenbuch, II, 408; III, 64; V, 627 (1323; 1345; 1404).
[16]) vergl. S. 22 Anm. 18.
[17]) Saxo Grammaticus lit. XIV: „Sveno Slesvik venit naves solo tenus trahendas curavit ad Eidoram".
Annales Ryenses, 101 ad 1153: „Sveno venit Sleswic et adductis inde navibus per terras usque Huchlstiaeth."

geographische Lage Schleswig-Haithabus nicht charakterisiert werden: „ubi brachia maris occurunt": Isthmuslage! [18])

Im 9. Jahrh. waren in der Ostsee die Skandinavier, in der Nordsee die Friesen die Träger des Handels (Vogel 1915, S. 98). In Schleswig berührten sich beide Verkehrskreise, und so hat sich auch die Bevölkerung aus beiden Elementen zusammengesetzt. Ob noch Reste der Angeln in Sliasvik zurückgeblieben sind, wissen wir nicht. Dänen waren bestimmt vertreten, sicher in der Überzahl, denn sie hatten die politische Macht: „to þaem porte, þe mon haet aet Haeðum, se stent betvuh Vinendum, and Seaxum and Angle, and hyrð in on Dene." [19]) Rimbert spricht von den Kaufleuten aus allen Gegenden; die aus Friesland hebt er besonders hervor. Bevölkerungsphysiognomisch zeigt also die bedeutende Handelsniederlassung gewissen internationalen Charakter, wie es dem Wesen solcher Verkehrszentren entspricht. Infolge der Kirchengründung mehren sich die Einwanderer aus Sachsen und Friesland [20]). In der folgenden Zeit der Normannenzüge erlebte Schleswig vielleicht seine größte Blüte. Zweimal setzte sich eine Wikingerdynastie in der innersten Schleibucht fest (etwa 890—934, 985—995). Die Ausgrabungen in der Oldenburg haben die schwedischen Einflüsse vollauf bestätigt (Knorr 1924, S. 27—30).

Im Jahre 934 besiegte der deutsche Kaiser, Heinrich I., die Wikinger an der Schlei. Anläßlich dieses Ereignisses erzählt Adam von Bremen: „Vurm, regem perterruit ... Sic Henricus victor apud Sliasvik, quae nunc Heidiba dicitur regni terminos ponens ibi et marchionem statuit et Saxonum coloniam habitare precepit." (Lib. I, Cap. 57, S. 52). Textkritische Untersuchungen (Handelmann 1887; Biereye 1909) haben ergeben, daß diese Nachricht nicht für geographische Schlüsse verwandt werden darf. Denn Widukind beschreibt das gleiche Ereignis mit folgenden Worten: „Henricus . . . Danos, qui navali latrocinis Frisones incursabant, cum exercitu adiit vicitque, et tributarios faciens regem eorum nomine Chnubam baptismum percipere fecit." Gemeinsam ist beiden Berichten der Sieg der Deutschen über die Dänen; aber verschieden sind die Angabe des besiegten Herrschers und die Friedensbedingungen. 934 herrschte an der Schleibucht noch das schwedische Königsgeschlecht; Heinrich mußte bei seinem Vordringen nach Norden erst gegen dieses kämpfen. Da außerdem Widukind Zeitgenosse ist (Adam von Bremen 150 Jahre später), und in Corvey sich die „Überlieferung des Nordens zur Ottonenzeit zusammenzog" (Biereye 1909, S. 21), ist sein Bericht zuverlässiger als der Adams, der als Quelle einen „quidam episcopus Danorum" angibt. Es ist

---

[18]) Die Übertragung ins Deutsche, die gerade diese Stelle „sicubi vero brachia ... habet maximas" in der Reihe der „Geschichtsschreiber der deutschen Vorzeit" (Bd. 44) noch in der jüngsten Auflage erfährt (Steinberg 1926) zeigt deutlich, wie wichtig es für geographische Auswertungen ist, auf den Urtext zurückzugehen! Dort ist die Stelle folgendermaßen übersetzt: „Wo aber Meeresarme sich finden, da hat es sehr große Städte." Dieser Text ließe an allen tiefen Meereseinschnitten Städte suchen, entsprechend den Verhältnissen, wie wir sie heute vorfinden, wo an jeder tiefen Bucht auch eine städtische Siedlung liegt. Tatsächlich sind aber damals Flensburg und Eckernförde (um auf schleswigschem Gebiet zu bleiben) noch nicht als civitates bekannt. (Hinrichs 1919, 141 u. 147). Die „maximas civitates" liegen nicht an Meeresarmen schlechthin, sondern nur dort, wo — wie es Adam von Bremen ausdrückt — sich die Meeresarme entgegeneilen, wo sie eine Landenge schaffen.
[19]) Ottar, um 890. Rask. Saml. Afh. I, S. 320.
[20]) Rimbert: „negatiatores tam hinc quam ex Dorstado" (Cap. 24).

sehr leicht möglich, daß Adams Berichterstatter die „sächsische Kolonie" aus den in Schleswig ansässigen sächsischen Kaufleuten geschlossen hat. Die „civitas Saxonum Transalbianorum"[21]) darf also nicht als landesherrliche Gründung aufgefaßt werden; sie ist nur ein wesentlicher Bestandteil einer großen Handelsstadt mit internationalem Völkergemisch.

4. Voraussetzungen und Erbe der heutigen Altstadt Schleswig.

Zusammenfassend muß festgestellt werden, daß das Ortslageproblem Sliasviks des 9.—10. Jahrhunderts nicht gelöst werden kann. Aber klar zu Tage liegt die damals überragende Bedeutung der handelsgeographischen Lage der innersten Schleibucht im 9.—11. Jahrhundert, die die Voraussetzung für die Entwicklung Schleswigs birgt. Aus jener Zeit hat die auf heutigem Siedlungsboden geschichtlich bezeugte Stadt Schleswig ihr Wesen als portus, als Handelsstadt, ihren Charakter als urbs episcopi, als Bischofsstadt, und ihre Bedeutung als oppidum capitale, als Haupt- und Residenzstadt übernommen.

II. Ausbildung der Siedlungen auf dem Boden der gegenwärtigen Stadtlandschaft
(1000 — Gegenwart).

1. Entwicklung Schleswigs mit der heutigen Altstadt als Kristallisationskern (11.—16. Jahrh.).

In allen Jahrhunderten von Adam Thraziger an (1583) hat die Haupt- und Residenzstadt des Schleswiger Herzogtums dazu angeregt, „Topographien" und „Geschichten" über sie zu schreiben. Allen Chronisten waren mehr oder minder die alten literarischen Quellen von Einhard bis Saxo-Grammaticus bekannt, die so eindringlich von der einstigen märchenhaften Bedeutung der Stadt Schleswig als Handelsplatz künden. Es brauchte den Chronisten kein Zweifel darüber aufzukommen, daß man auch alle von Haithabu überlieferten Nachrichten in engste Beziehung zu Schleswig setzen durfte; denn im 16. Jahrhundert hieß Schleswig im dänischen und friesischen Volksmund noch ganz allgemein Heddebui: „Quodsi . . . Danum vel Phrysium colonum germanicae linguae ignarum iturum Slesvicum aut inde redeuntem, interroges, quo pergat aut unde veniat, non Slesvicum, sed Heddebui nominat." (Thraziger 1583, S. 322) Wie man aber den Ruf von der frühmittelalterlichen handelsgeographischen Bedeutung der Stadt und vor allem auch den ihrer einstigen räumlichen Größe mit der bekannten im 16. Jahrhundert vorhandenen Ausdehnung in Beziehung setzen sollte, darüber herrschte größte Meinungsverschiedenheit. (Wie es auch nicht anders zu erwarten ist, da die Lage Heddebuis vollkommen in Vergessenheit geraten war). Immer schon hat es Stimmen gegeben, die die Stadt oder wenigstens einen Teil derselben auf das Südufer der Schlei verlegten[1]), im Extremfall sogar an das Südende des Selker Noors

---
[21]) Adam von Bremen Lib. III, Cap. 51 Scholion 81. Helmold I, 24, S. 51.
[1]) Ein Niederschlag dieser Ansicht ist z. B. die Zeichnung des Planes von 1154 (Dankwerth 1652, S. 113). Eine eingehende Kritik, die zeigt, daß der Zeichner erst aus dem 16. Jahrhundert stammen kann: s. bei Sach 1875, S. 6 ff.

(Outzen 1826), andere leugneten eine Existenz der Stadt am Südufer vollkommen und waren dann gezwungen, für die Zeit des 8.—10. Jahrhunderts eine weitere als die durch die Stadtbefestigung überlieferte Ausdehnung auf dem Nordufer anzunehmen. Noch andere lehnen eine vorzeitige verkehrsgeographische Bedeutung Schleswigs von vornherein ab (Hasse 1880). Auch alle möglichen Übergangsformen zwischen den eben angedeuteten Meinungen sind erdacht worden und werden z. T. noch h e u t e vertreten. Auf die breite Literatur, die die Deutung der frühmittelalterlichen Stellung Schleswigs unternimmt, kann hier nicht im einzelnen eingegangen werden [2]). Es soll mit dieser kurzen Charakterisierung nur gezeigt werden, daß die Literatur von 1583 bis zur Gegenwart für die Behandlung der vor dem 16. Jahrhundert liegenden Zeit nur mit größter Vorsicht benutzt werden darf, da sie zu sehr von den verschiedensten Theorien und Spekulationen, die sich aus einer rein literarischen Behandlung des Schleswig-Haithabuproblems ergeben haben, belastet ist.

a. Die ältesten Siedlungszeugnisse der „civitas Slesvicensis".

Die älteste Urkunde über Schleswig [3]) ist zugleich die erste schriftliche Nachricht, die die Lage Schleswigs am N o r d u f e r d e r S c h l e i, a u f d e m B o d e n d e r h e u t i g e n A l t s t a d t zweifellos bezeugt. Am 31. 3. 1196 genehmigt der Dänenkönig Knud die Verlegung des nördlich von Schleswig gelegenen St. Michaelisklosters nach Gudholm und bestätigt die Besitzungen des Klosters, darunter auch: „areas omnes quas in ciuitate habetis: in Parochia sancti Olaui XVI areas in Parochia sancti Petri VIII, in Parochia sancti Clementis quinque areas, in parochia Sancte Marie quattuor, in Parochia sancti Jacobi tres, in Parochia sancte Trinitatis unam aream, in Parochia sancti Nicolai unam aream, ..."

Die civitas ist die befestigte Stadt Schleswig. Von den 7 genannten Kirchen steht heute nur noch Sankt Peter, der Dom. St. Olav und St. Jacobi werden außer in einer Bestätigung dieser Urkunde nie wieder erwähnt, ihre Lage ist deshalb ungewiß. Von St. Clemens erzählt Adam Thraziger (1583, S. 326): „Fuit et penes oppidi molendinum Parochialis ecclesia S. Clementis, de qua nihil etiam superest, praeter exiguum pratum." Schon 1352 war diese Kirche nicht mehr vorhanden, denn im Registrum capituli Slesvicense [4]) ist sie im Gegensatz zu St. Peter, St. Trinitatis, St. Maria und St. Nicolai nicht mitaufgezählt. Mitte des 16. Jahrh. werden auch St. Nicolai am Dom und St. Marien auf dem Holm abgebrochen: „Meister Mats hefft gekofft alle de stene, so he ut St Nicolaus karke breken kunde, davor gegeven 25 ₰." [5]) — „Cantzler Adam Thraziger ... sick in Handlung van wegen der wösten Karcken vpm Holm, ... vormiddelst eines billichen Kopes ahn sick tho bringen, ingelaten: .... vorköfft und auerlaten vor twehundert Margk lübesck, ... am Dage Jacobi des hilligen Apostels, im Jare ... ",

---
[2]) Wie weit sich uns nach den neuesten Forschungsergebnissen und den alten zeitgenössischen Quellen diese Stellung darbietet, habe ich, soweit diese Fragen im Rahmen der stadtgeographischen Untersuchung Schleswigs von belang sind, im vorigen Abschnitt darzustellen versucht. S. 12 ff.
[3]) Hasse, Urkunden I, 199.
[4]) 1352—1407 in Langebeck, Scriptores rerum Danicarum VI, S. 574 ff.
[5]) 1568, zitiert bei Sach 1875, S. 71.

vöfftein hunderth und im ein vnde soeuentigsten."⁶) Zur Zeit des ältesten Stadtplans von Schleswig (1584, Abb. 3) existieren nur noch zwei Kirchen: St. Peter = Ecclesia Cathedralis (D) und St. Trinitatis = Turris S. spiritus (F).

Die ältesten vorhandenen bezw. bekannten Monumentalbauten Schleswigs sind aus rheinischem Tuff aus der Gegend Andernachs hergestellt. „Zu Schleswig ist ein Tuffbau die jetzige K l o s t e r k i r c h e St. J o h a n n (auf der Südseite des Holm. S. Karte 1). Im D o m ist aus Tuff der Südflügel, in den Pfeilern ist Tuff in Verbindung mit Granithaustein. So sind auch die in der M i c h a e l i s - k i r c h e gewesen. Dagegen war in der M a r i e n k i r c h e neben Tuff viel bunter Marmor." (Haupt, 1924, S. 34). Die Zeitgrenze des Tuff liegt „um 1170, wo der Ziegelbau durchdrang" (Haupt 1924, S. 35). Bei St. Johannis ist es „nach ihrer Beschaffenheit kaum zweifelhaft, daß ihre Erbauungszeit in das Jahrhundert zwischen 1066 und 1150 fällt" (Haupt 1924, S. 101). Über die Erbauungszeit des Domes war ein heftiger Streit entbrannt⁷); doch bei näherer Durchsicht der Ansichten ergibt sich hierin Einigkeit, daß architektonisch kein Grund vorhanden ist, den Dombau vor 1100 anzusetzen. 1134 ist der Dom nachweislich im Gebrauch gewesen: „ut in aedem Petri confugeret"⁸). Da für den Bau des Domes eine gewisse Zeitspanne gerechnet werden muß und ebenso für die Errichtung der Ansiedlung selbst, so geht aus den Urkunden und literarischen Quellen übereinstimmend mit dem Befund der Baudenkmäler hervor, daß f ü r d a s E n d e d e s 1 1. J a h r - h u n d e r t s d i e s t ä d t i s c h e B e s i e d l u n g d e s N o r d u f e r s d e r S c h l e i f ü r A l t s t a d t b o d e n u n d H o l m g e s i c h e r t e s E r g e b n i s i s t.

b. A u s d e h n u n g u n d U m w a l l u n g d e r S t a d t b i s E n d e d e s 13. J a h r h u n d e r t s.

Die Urkunde von 1196 lehrt, daß von dem Vorhandensein einer Kirche nicht auf die Lage einer Siedlung geschlossen werden darf, wie es z. B. Haupt, Thratziger u. a. tun. Denn St. Michaelis steht „in monte p r o p e Schleswig", wie das Registrum capituli Sleswicensis (Langebeck VI, S. 583) angibt⁹). Auskunft über den U m f a n g der Stadt gibt erst eine Urkunde vom 20. II. 1291 ¹⁰), die die Grenzen der städtischen Gerichtsbarkeit bestimmt: „in eadem civitate, vel infra antiqua moenia, sive septa ejusdem que Frisewirki, Angelboewirki et Saldergater in aquilone vulgariter appellantur, vel infra aggerem magnum vicinum ecclesie sancti Johannis in oriente, vel infra medias aquas inter ipsam civitatem et inter Haddeboth ¹¹) profluentes, vel infra castrum antiquum quod Juriansborgh ¹²) dicitur in occidente, . . ."

---

⁶) St. A. Sch. Braunes Ratsbuch, S. 66.

⁷) Haupt, Adler, die Chronisten des Mittelalters, Schröder: Anfänge zur Zeit Knud des Großen 1018—1035, Jännecke, Brand: Anf. z. Z. Knud Lawards 1115—1131.

⁸) Saxo Grammaticus, Lib. XIII, herausgeg. Stephanius 1644 S. 247.

⁹) Vergl. a) „ecclesia montis S. Michaelis f o r i s portam villa Sleswicensis." in: „Narratio de Monasterio S. Michaelis apud Slesvicum . . ." geschrieben 1289 a Monacho quodam Ruris Regii. (Langeb. V., 381)
b) „ecclesiam Michaelis j u x t a Sleswig" aus „Breve Chronicon Danicum ab anno 1095 ad Anno 1194." (Langeb. III, 631).

¹⁰) Hansisches Urkundenbuch I, 1075.

¹¹) ein älterer Name für die Kirche Haddeby am Südufer der Schlei und ihre unmittelbare Umgebung. S. Meßtischblatt Karte 1.

¹²) auf der Meweninsel; s. Meßtischblatt Karte 1.

Bis 1882 stand in der Langen Straße ein Stadttor: das „Hohe Tor", früher auch „Angelboeporte" genannt. (Vergl. für das Folgende Karte 3 und 2). Es ist zu vermuten, daß die Angelboeporte entweder die Angelboewirki durchbrach oder unmittelbar an sie grenzte. Der übrige Verlauf der Stadtumwallung läßt sich am Stadtgraben und aus anderen Quellen verfolgen. Das Wasser für den Stadtgraben lieferte der zwischen Gall- und Michaelisberg herunterfließende St. Jürgensbach. Im Nordwesten der Stadt wurde er von einem Damm, dem Kälberdamm, gestaut, dessen Entstehungszeit ganz unbekannt ist. Es entstand der Kälber- oder Mühlenteich, von dem im Staatsarchiv Kiel (C XIII, 1, 226) eine Situationskarte aus dem Jahre 1747 erhalten ist. Der Kälberteich ist auch auf allen Stadtplänen bis 1875 zu verfolgen. 1898 wurde er zugeworfen (Verwaltungsberichte) und zum heutigen Lornsenplatz umgestaltet. Der Abfluß dieses Stausees wurde in zwei Richtungen um die Stadt herumgeleitet: einmal nach Süden, wo er eine kleine westliche Ausbuchtung, das Gelände des Dominikanerklosters, von der übrigen diluvialen Altstadtschwelle abschnitt [13]), und zweitens nach Osten, wo er als Durchstich durch die sich dem Altstadtboden entgegenstreckende Gallbergzunge die einzige Verbindung des Altstadtuntergrundes mit dem Festlande löste. Der östliche Graben treibt noch heute die alte Stadtmühle und mündet dann ins Holmer Noor.

Die ursprünglichen natürlichen Verhältnisse verraten sich noch im heutigen Bodenrelief, wie die von mir hergestellte Isohypsenkarte des Schleswiger Stadtgrundes zeigt (Karte 4). In der 7 m-Höhenlinie prägt sich der nach Süden vorgeschobene sanftere Abhang des Gallberg aus, der genau im Verlauf der Langenstraße seine Firstlinie hat. Diese Geländeverhältnisse zusammen mit dem geologischen Befund, daß „beim früheren hohen Tor guter gewachsener Boden", während „100 m westlich, wo heute die Exportschlachterei von Rasch ist, kurz unter der Erde Moor ansteht" (nach der Auskunft von Herrn Brunnenbauer Vertens) beweisen, daß der heutige Lauf des St. Jürgenbaches künstlich ist.

Ein Vergleich der aus den angeführten Urkunden sich ergebenden Ausdehnung Schleswigs (s. Karte 3) mit der Urlandschaftskarte (Karte 2) zeigt, daß die Stadt des 11.—13. Jahrh. eine ausgesprochene Schutzlage einnahm. Bis auf die kurze Strecke, wo der schmale Gallbergsporn sich der diluvialen Altstadtschwelle entgegenstreckt, ist der Boden der umfriedeten Stadt rings von Wasser oder unzugänglichem Sumpf umgeben [14]). Im Nordwesten wurde ein Teil des Sumpfes mit in die Umwallung aufgenommen, wahrscheinlich weil hier an der schmalsten Verbindungsstelle zwischen Altstadt und Gallberg der künstliche Graben angelegt werden sollte und der Damm des Stauteiches zugleich einen Teil der Stadtmauer ersetzen konnte.

Die alte Stadtumfriedung bestand aus Erdwällen, die mit Holzbohlen, Flechtwerk und Steinen befestigt waren: „Item si quis ... de munitione civitatis distraxerit plankas vel crates vel lapides, reddat tres marcas." [§ 91 des alten Stadtrechts, (1200)].

---

[13]) Bis 1888 hieß die heutige Plessenstraße „Hinterm Graben" (Philippsen 1926, Seite 13).

[14]) Bei Erbauung der Kleinbahn bemühte man sich vergebens, östlich der Altstadt einen Damm aufzuwerfen, um die Bahn in gerader Linie ONO wärts zu führen. Schließlich mußte man sich doch in dem nach Norden ausholenden Bogen der Bahn dem Gelände anpassen (s. Meßtischblatt, Karte 1).

c. Ausbildung der „Nighenstat" bis 1566.

Im Stadtarchiv Schleswig befindet sich die Abschrift einer Verordnung Herzog Adolfs aus dem Jahre 1566 (G 2). Ein großer Teil dieses Reskriptes wie auch die Antwort der Stadt gibt über die Entwicklung Schleswigs vom 11.—16. Jahrh. Aufschluß: „Hz. Adolfs Mandatum an die Stadt Schl. wegen Reinigung d. Stadtgrabens u. Befriedigung der Vorstadt. . . . weil aber nun die rechte Zeit, u. wie berichtet, daß der Graben gantz trocken sein soll, daß er also mit guter Bequemlichkeit zu säubern. So ist unser ernster Befehl ihr wollet strax den Graben an fangen, biß an die Hude Str. zu säubern, u. weil etliche Bürger auff den Graben gebauet, daß sie ohne merklichen Schaden nicht abreißen können, aber erbietig dagegen, ein unsträfliches Stück Mauer auff ihre eigenen Unkosten auffzuziehen, . . ., daß von der Hude Straße an bis in den Graben eine unsträfliche Mauer von denjenigen, so ihr Gebäude nicht underreißen wollen aufgeführt: u. damit solches Werk desto schleuniger u. träglicher ausgerichtet, so sollen alle Inwohner unserer Stadt Schleswig nach eines jeden Vermögen Zulage thun. Es sollen aber diejenigen so die Mauren auf ihre eigene Unkosten ausführen, mit der Zulage nicht gemeinet sein. Und weil diejenigen, so für dem Thore wohnen, mit dem Graben nicht befriedet werden mögen, so sollet ihr zu Mittel u. wege gedenken, wie der Ort auch füglichen zu befriedigen, u. soll ihnen alsdann von allen Einwohnern wiederumb die hülfliche Hand gereicht werden, damit also die Gleichheit gehalten . . . Auf unserm Schloß Gottorf, Donnerstag nach Exaudi, anno 1566." Antwort der Stadt: „actum Freytages nach Cantate anno 1566. . . . So beschweren sie sich dennoch nicht allein der armen geringen Bürgerschaft und Unvermögenheit: Sondern dieweil zwischen beiden pforten, eine gute Anzahl oder viele der vornehmsten Bürgern wohnhaft, die sambt denen außerhalb der Minricksbrügge bey St. Michaeliskirchen, u. dem ganzen Holm, die sich einestheils in kurtzen Jahren dahin begeben u. sich bauet u. bessert haben, auch alle bürgerliche aufflage mittragen u. leisten müssen, da dieselbe also von ihnen und Sie wiederumb von Sie solten abgeschieden u. beschloßen sein u. seind dieselbe fast soviel an der Zahl als die andern, würde also die halbe Stadt befriediget u. die andere Haelfte laege unbevestigt in dreyen partheyen u. darlängig allerley unruh und unlust, ja Mordt u. Dotschlag unter dem gemeinen pöbel auswachsen möchte u. möchte also sonderlich bey nächtlicher weile thun u. lassen was ihnen gelüstete. Zu dem gedenkken die den andern, wenn sie nicht mit in der veste begriffen werden können, Keine Hülffe oder Zulage im wenigsten nicht zu thun, daß dann den Befriedigten allein viel zu schwer fallen würde."

Aus diesem Mandat geht hervor, daß Schleswig 1566 außer der umwallten Stadt aus „drei verschiedenen unbefestigten Teilen" bestand. Diese Teile sind: a) Holm — b) außerhalb der Minricksbrügge bei St. Michaeliskirchen — c) die „zwischen den beiden Pforten". Die letzte Angabe (c) bezeichnet die Einwohner zwischen dem Hohen Tor und der Minricksbrügge. Die Monniken- später Minricksbrügge führt nördlich des Kälberteichs über den St. Jürgensbach (s. Fig. 1 und Karte 3) und war für die Stadt von außerordentlicher Wichtigkeit, da über diese Brücke der gesamte Landverkehr der Stadt führte, abgesehen von dem nach Angeln, der östlich des Mühlenbaches bleiben konnte. Diese Brücke war — wie es in früheren Jahrhunderten bei allen wertvollen Brücken und

Dammübergängen üblich war — verschließbar durch „das lütje" oder St. Michelsdor.

Aus der Angabe (c) scheint mir hervorzugehen, daß die moeniae (Frisewirki, Angelboewirki und Saldergater aus der Urkunde vom 20. 11. 1291) nicht die ganze Gegend der „Nighenstat" (Karte 3) östlich des Mühlenbachs bis zum Kattsund herauf miteinschließen konnten, wie Thratziger (1583), Sach (1873) u. a. meinen. — Ein weiterer Beweis ergibt sich aus einem Vergleich des Mandates von 1566 mit der Braunschen Karte, die ungefähr aus derselben Zeit (1584) wie diese archivalische Nachricht stammt. In seiner Darstellung zeigt das Braunsche Städtebild (Abb. 3) genaue Übereinstimmung mit der aus der Urkunde von 1566 zu entnehmenden Ausdehnung Schleswigs. Das Bild veranschaulicht auch vorzüglich die Aussage der Verordnung, daß die Einwohnerzahl der drei unbefestigten Stadtteile ungefähr die Hälfte der Gesamtzahl ausmacht. Bei der von Sach gemachten Annahme dagegen würde das Zahlenverhältnis 1 : 1 auf dem Stadtplan von 1584 empfindlich gestört sein.

Zusammenfassend läßt sich Folgendes feststellen. Bestimmt nachweisbar ist die Stadt Schleswig auf dem Nordufer der Schlei seit dem Ende des 11. Jahrhunderts. Von Anfang an treten zwei heterogene Bestandteile auf, beide in sehr guter Schutzlage, die mit Mauern (moenia) umgebene Stadt auf der künstlich vollendeten Altstadtinsel, und der nördliche Teil der natürlichen Holminsel. Vollkommen ungeklärt bleibt, welche Stellung beide Teile vor dem 11. Jahrhundert zu einander einnahmen, und ob der Holm im 12. Jahrhundert bereits außer den bestimmt überlieferten Kirchen schon geschlossene Wohnstraßen getragen hat. Von der nordwestlichen Höhe des Michaelisberges grüßt der Centralbau der früheren Klosterkirche herüber, der trotz seiner unmittelbaren Nachbarschaft keine näheren Beziehungen zur Civitas Slesvicensis hat. In der Zeit vom 14.— 16. Jahrhundert wächst die Altstadt auf das Festland hinüber. Es entsteht die „Vorstadt", oder „Nyghenstat", die um 1580 folgende Teile umfaßt: die Fortsetzung der Langenstraße jenseits des Stadttores, den Gallberg bis in die Gegend des Kattsund, die nördliche Umrandung des Kälberteichs und den südöstlichen Abhang des Michaelisberges (Karte 3 u. 9).

d. Innere Entwicklung der Stadt während dieser Zeit.

Vom 11. bis 16. Jahrhundert sind für die innere Gestaltung der Stadt verschiedene Phasen zu beobachten.

α) Schleswig als Handelsstadt.

Das Stadtrecht von 1200.

Auskunft über die erste Periode erteilt das lateinische Stadtrecht von 1200. Es ist von einem dänischen König bestätigt und zeigt auch in seiner Rechtsauffassung typisch dänische Züge (Hegel 1871, S. 159). Daß die Stadt, abgesehen von der Verwaltung, den internationalen Charakter des 9. Jahrhunderts bewahrt hat, geht aus einer großen Zahl von Paragraphen hervor, die sich mit dem Handels- und Erbrecht der Fremden der „hospites", befassen.

In § 29, der die Ausdehnung des Erbkaufs (Laghkop) angibt, werden einige

Heimatländer der zahlreichsten Fremden aufgeführt: „uxorati et omnes hospites de Ducatu Saxonie, de Frysia, de Hyslandia (Island), de Burgundeholm (Bornholm) et aliunde". Hasse (1880, S. 75) sagt: „in Einklang mit den Verhältnissen eines geringen, eben erst sich entwickelnden Verkehrs steht es, daß noch nicht einmal auf die sämtlichen in Schleswig verkehrenden Fremden der Laghkop ausgedehnt ist". Daß diese Interpretation nicht berechtigt ist, geht außer aus dem «et aliunde» aus dem entsprechenden Paragraphen des Flensburger Stadtrechts hervor, dem das Schleswiger als Vorbild gedient hat. (Thorsen, 1855, S. 2: „denne Stadtsret, der ligefrem overførtes paa flere Steder i Nörre-Iylland, blev navnlig Kilden til Flensborgs . . ." — Auch Hasse, 1880, S. 27). Dort (§ 38) heißt es: „uxorati et omnes hospites de quacumque terra venientes". Friesen, Sachsen, Isländer und Bornholmer sind also nicht die einzigen, die sich bis zum 13. Jahrhundert Rechte in Schleswig erwerben konnten, sondern es sind die, die in der Menge der Fremden besonders auffielen und als Lokalfarbe Schleswigs nicht in das Flensburger Recht übernommen werden konnten.

Ein besonderer Artikel über den T u c h handel [15]) und die Verpflichtung der P e l z e r, dem König bei seiner Anwesenheit 1000 Felle zu liefern [16]), lassen auf die Hauptgegenstände des Schleswiger Umschlaghandels schließen. Die Slawen bringen Pferde, Rinder, Schweine und Schafe, die Friesen Salz (§ 30).

Eigenartig ist, daß wir nirgends eine Nachricht von der Lage des Hafens finden. Auf der Karte von 1584 (Abb. 3) ist die Anlegestelle am Südufer, wo auch die heutige Schiffbrücke ausgebaut ist. Ulrich Petersen († 1735) berichtet, „der alten Sage" nach sollen „hinter dem Grauen Kloster aus dem Noor bis an die Kalkbrücke die schuten und mittelmäßigen fahrzeuge angelandet haben." [17])

Über die Handelswege geben Zollsätze Aufschluß. Nach Gotland und ins übrige „Ausland" fuhren Schiffe die Schlei hinab (durch „Slesmynne"). Mit Frachtwagen ging es westwärts bis Hollingstedt und in südlicher Richtung nach Rendsburg [18]).

Der breite Raum, den Handels- und Schiffsrecht im alten Stadtrecht einnehmen (über die Hälfte aller Paragraphen) zeigt, daß die Altstadt-Holmsiedlung des 12. Jahrhunderts in erster Linie K a u f m a n n s s t a d t war. Außer den mercatores und pellifices werden als Steuerzahler nur noch die sutores (Lederhändler und -Bearbeiter), carnifices (Fleischer), carpentarii (Fuhrleute), pistores (Müller, Bäkker) und piscatores (Fischer) genannt. Die letzten scheinen schon damals eine besondere Bedeutung innerhalb der Bevölkerungszusammensetzung gehabt zu haben; allein die Schleswiger Fischer haben das Recht, in der Schlei zu fischen [19]).

---

[15]) § 50: „Item si institores de aliis terris commercium fecerint, emptor panni diligenter prospiciat quid emere debeat. Quia postquam pannum cum corda traxerit, non licet ei relicere nisi tinea demolitum vel putredine violatum."

[16]) § 32: „. . . Pellifices . . . Regi, cum tenuerit curiam in ciuitate, tenentur mille pelles . . . . ."

[17]) St. A. Sch. G. 2. Demnach wäre das Holmer Noor der Hafen gewesen.

[18]) § 30: „Item Mercatores ituri in Gutiam vel alias extra regnum Datie pro teloneo soluant Slesmynne XII denarios et in castello VI denarios . . . Intrantes in Slyam theloneum Slesmynnae, exeuntes soluant Slaeswyyk. Pro quolibet plaustro eunte Huhelstath IV denarios, eunte uero Regnaldzburgh VI denarios, Si vero transierit Eghdoram XII denarios . . . ."

[19]) § 71: „Item piscatores libere habent piscari per totam Slyam et in campo possunt extendere funes sagenarum ad siccandum sagenas."

Der arabische Kosmograph Quaswini (13. Jahrh.) übernimmt von Tartusi, der um 973 Deutschland bereiste: „Schleswig ist eine sehr große Stadt am äußersten Ende des Weltmeeres. In ihrem Innern gibt es Quellen süßen Wassers, ... die Hauptnahrung ihrer Bewohner besteht aus Fischen; denn die sind dort reichlich." (S. 29 in der Übersetzung von Jakob.)

Burgen, Kirchen und Klöster.

Der Fluß aber gehört dem König, niemand darf Gebäude in ihm errichten als der König selbst [20]). Die königliche Wasserburg — die Jürgensburg auf der Meveninsel — war schon damals vorhanden [21]). Ob der König innerhalb der Altstadt weitere Kurien gehabt hat, ist ungewiß; die Sage hat noch an vielen Stellen eine gesucht.

Von den Kirchen ist schon beim Bericht der ältesten Siedlungszeugnisse der civitas Slesvicensis die Rede gewesen. Zu den Gotteshäusern gesellen sich die Klöster am Rande der Stadt: das graue Kloster östlich des Marktes am Rande der Holmer Wiesen, das schwarze Kloster jenseits des Stadtgrabens am Rande der Königswiesen und das Kloster St. Johannis auf dem Holm (Karte 3). Kirchen, Klöster und Domfreiheit nehmen reichlich die Hälfte des Stadtuntergrundes ein. Auch im gewerblichen Leben spiegelt sich ihr Einfluß wieder. Schleswig hat als erste unter sämtlichen Städten Schleswig-Holsteins eine Buchdruckerei. (1486 nachweisbar. Philippsen 1911) Erlaubnis erteilte der neuen Kunst das Domkapitel.

Anlage der Stadt in Grund- und Aufriß.

Nicht nur das Stadtrecht, auch die anderen Quellen schweigen fast gänzlich über den Plan und das Stadtbild Schleswigs in seiner ersten bekannten Entwicklungsphase auf dem heutigen Stadtboden. Die älteste Karte (Abb. 3) zeigt bereits den gegenwärtigen Grundriß von Altstadt und Holm. Nach den Rückschlüssen, die die erhaltenen Baudenkmäler und einige Urkunden erlauben, scheint die Anlage der Stadt um 1100—1300 bereits dieselbe zu sein. Der äußere Befestigungsring, der sich noch heute in dem künstlichen Stadtgraben und einem geschlossenen Straßenkreis wiederspiegelt, ist schon besprochen worden. Auch folgende Züge des Altstadtplanes müssen um 1200 schon vorhanden gewesen sein: der Dom, um ihn herum der Friedhof und die Curien der Geistlichkeit, die südliche Langestraße als Fortsetzung des einzigen äußeren Zufahrtsweges zum Angelboetor. Der große viereckige Markt wird durch die Lage der Trinitatiskirche und des Knudsgildehauses sehr wahrscheinlich gemacht. 1299 wird die „platea piscatorum" ... siti ad orientem Ecclesie Trinitatis erwähnt [22]). Auf dem Holm stammen St. Johannis Kloster und der Marienfriedhof aus jener frühen Zeit [23]); mit dem Kirchhof und dem zur Brücke nach der Altstadt führenden notwendigen Verbindungsweg ist bereits das Gerippe der heutigen Straßenanlage gegeben.

---

[20]) § 68: „Item si quis posuerit edificium suum in aquam vel super aquam sine licentia exactoris emendet III marcas et auferat edificium, quia flumen Regis est."
[21]) § 30 des Stadtrechts: „castellum". Vergl. die Urkunde von 1291.
[22]) St. A. K. Urkunden V. 185.
[23]) vergl. S. 17 und Hasse Urkunde: II, 2, 7. III. 1251 vom St. Johannis Kloster.

Für die Altstadt überliefert die Literatur den Untergang verschiedener Straßen. Von den meisten läßt sich die Lage nicht mehr bestimmen. Die anderen, bei denen dies ungefähr möglich ist, lassen nach ihrer Ergänzung den Altstadtgrundriß noch regelmäßiger und planmäßiger erscheinen als er ist. Der viereckige Markt mit den an allen vier Ecken mündenden Straßen in unmittelbarer Nachbarschaft der Hauptkirche, die geraden Straßen, die sich fast nur in der Nähe des Walles und zum nördlichen Ausgang hin krümmen, erwecken den Eindruck einer großzügigen planmäßigen Anlage und vorsätzlichen Gliederung des Stadtbodens. Nach den Geislerschen vergleichenden Untersuchungen [24]) entspricht die Altstadt Schleswig in allen Teilen dem Typ der Gründungsstadt. Von dieser Seite stehen der bei Besprechung des Schleswig-Haithabuproblems dargelegten Annahme einer Verlegung der Stadt Schleswig vom Südufer auf das Nordufer kurz nach 1000 keine Schwierigkeiten entgegen. Hinreichend für die Erklärung der planvollen Grundrißgestaltung sind bereits die geschichtlich überlieferten Zerstörungen Schleswigs während des 11. Jahrhunderts. Im Jahre 1000 berichtet der Schleswiger Bischof Ekkehard auf der Synode zu Gandersheim: „termini Episcopatus mei Barbarica sunt feritate depopulati, civitas deserta, Ecclesia desolata; sedem non habeo . . . ." [25]) Vom Wendeneinfall 1066 Helmold: „Ipso eodem tempore Sleswich, . . ., civitas Transalbianorum, que sita est in confinio regni Danici, opulentissima atque populosissima, ex improviso barbarorum incursu funditus excisa est." (I, 24, S. 51).

Noch weniger als über den Grundriß wissen wir über das Stadtbild Schleswigs in der ersten Phase. Sicher hat schon damals das Dach der romanischen Kathedrale die Bürgerhäuser weit überragt. Von der Trinitatiskirche hat uns das Braunsche Stadtbild den „elegans turris" überliefert (Abb. 3). Wenn die anderen 5 Kirchen (vergl. S. 17 die Kirchenurkunde von 1196) auch Türme oder wenigstens spitze Dachreiter emporstreckten, muß Schleswig bei dem engen Raum, auf den sich die Gotteshäuser zusammendrängten, im 12. Jahrhundert den Eindruck einer türmereichen Stadt gemacht haben.

β) Schleswig als Landschaft.

Der schon besprochene Verfall der Kirchen in den folgenden Jahrhunderten ist der bauliche Ausdruck von dem sinkenden Wohlstand der Stadt. Aus demselben Zeitraum (12.—15. Jahrh.), der zweiten Phase Schleswigs, melden die Chronisten von den harten Schicksalsschlägen, die Schleswig zum Verhängnis werden. 1155 Saxo: „Illic Sueno peregrinam classem praedatus direptas Rutenorum merces stipendii loco militibus erogavit quo facto non solum advenarum in posterum frequentiam deturbavit, sed etiam splendidam mercimoniis urbem ad tenuem angustamque vicum redegit." (Lib. XIV S. 484).

Gründe des Niedergangs der Handelsmacht.

Die Stellung Schleswigs vom 9.—11. Jahrhundert hat gezeigt, daß geschichtliche Einzelereignisse a l l e i n die Kraft einer bevorzugten Welthandelslage nicht

---

[24]) Geisler, Die deutsche Stadt. Stuttgart 1924, S. 419.
[25]) Vita S. Bernwardi XIII. Hildesheimensis Ecclesiae episcopi auctore Tangmaro presbytero. Cap. XX. S. 451.

zu brechen vermögen. Die Gründe des Niedergangs sind tieferer Art. Das Schleswig der folgenden Jahrhunderte ist ein auffallendes Beispiel dafür, wie die Gunst geographischer Lage eines Ortes sich im Laufe der Zeit vollkommen ändern kann. Für den Niedergang des Handels an der innersten Schleibucht läßt sich deshalb nicht ein einziger Grund verantwortlich machen, sondern ein ganzer Komplex von Landschafts- und Kulturentwicklungen.

Mit der deutschen Kolonisation des Ostens im 13. Jahrhundert findet eine vollkommene Kräfteverlagerung innerhalb der Ostseerandstaaten statt. Deutscher Handel und deutsche Schiffahrt läuft dem skandinavischen die Vorrangstellung ab. An der bisher verkehrslosen, handelsfeindlichen Slawenküste erwächst die deutsche Hansestadt Lübeck, die alle bedeutenden Handels- und Schiffahrtslinien in ihren Bann zieht. Der lebhafte Ost-Westverkehr, der sich seit dem 12. Jahrhundert zwischen Ostsee und Aermelkanal entfaltete, suchte zur Überwindung der cimbrischen Halbinsel nicht mehr die schmalste Stelle sondern den Weg, der die geringste „Ablenkung aus der Hauptachse" erforderte (Jürgens 1914, S. 1). Lübeck und Hamburg gemeinsam traten im Handelsverkehr Nordeuropas das Erbe Schleswigs an (Mollwo 1899, S. 28).

Zur gleichen Zeit mit diesen großen politischen Verlagerungen vollziehen sich tiefgreifende Umgestaltungen der schleswig-holsteinischen Küste, die auch die bisherige natürliche Vormachtstellung Schleswigs innerhalb der cimbrischen Provinz vernichten. Die Verflachung von Schlei und Treene machen es den immer größer werdenden Schiffen schließlich unmöglich, bis Schleswig und Hollingsted zu gelangen. Diese Entwicklung läßt sich an den überlieferten Urkunden und Berichten sehr gut verfolgen. Bis 1323 sind in dem westlichen Einschnitt der Schlei-Treenefurche nachweislich noch Eider, Treene und Sorge schiffbar gewesen: „quod Alba, Eydria, Trea, et Sorka omnibus mercatoribus et navigantibus ... debent essi liberi atque tuti"[26]. 1345 und 1404 wird in ähnlichen Zusicherungen der Verkehrsfreiheit im Lande Dithmarschen die Sorge nicht mehr erwähnt. Es heißt nur: „Vorthmer de Eydere und de Treeya de scholen frygh und velich wesen eyneme jewiliken ghode manne sin werf to weruene opwart und nederwart"[27]. Ein halbes Jahrhundert später wird uns im liber censualis episcopi Sleswicense auch die Einschränkung der Schiffsbewegung auf der Treene bestätigt. Um 1462 beträgt die Einnahme des Zolles, der bei Schwabstedt von der Treeneschiffahrt erhoben wurde „circa XL marcas, olim bene LXXX marcas,"[28]

Zweifellos hängt der Rückgang der Schiffsbewegung in der Eider-Treenebucht mit der Marschbildung an der Westküste zusammen. Wann die ältesten Köge im Eider-Treenegebiet eingedeicht wurden, wissen wir nicht. Es sind dies der Nordfelder, Gerland, Tatjebüller, Oldenfelder und Südfelder Koog, die unmittelbar an die Westseite der Stapelholmer Geestinsel anschließen (Eckermann 1893, S. 48; vergl. auch Karte dort!). Aus dem Außendeichsland, das zwischen diesen Kögen und dem Mündungswinkel der Treene in die Eider liegt, soll nach Angaben von Bolten (1777) 1436 der Mildter Koog an der Treene (S. 241) und

---

[26] Urkundenbuch des Landes Dithmarschen n. 17.
[27] Urkundenbuch des Landes Dithmarschen n. 22.
[28] liber censualis episcopi Slesvicensis de 1462. A primo, De nauigiis 2ᵇ, 9—10. Zeilen und Seitenangaben beziehen sich auf die Handschrift.

1494 der Olde-Koog an der Eider (S. 254) gewonnen sein. Das ist also zu derselben Zeit, aus der die Belege für die starke Abnahme des Schiffsverkehrs auf der Treene in dem liber censualis episcopi Slesvicensis stammen. 1570 war es möglich, die Treene von der Eider abzusperren und die Niederungen nördlich der Treene bewohnbar zu machen (Hansen 1893, S. 180). Morphologische Einzelheiten über die breite Talaue der Treene und ihren engeren Schiffahrtsweg und über den Anteil von Vermoorung, Marschbildung und Eindeichungen in den verschiedenen Phasen des sich schnell wandelnden Schleswiger Gegengestades bei Hollingstedt wird eine demnächst erscheinende Arbeit von Dr. H. Wenzel bringen. Auch Mager hat in seinem Buch „Entwicklungsgeschichte der Kulturlandschaft des Herzogtums Schleswig in historischer Zeit" I, 1930, für den 3. Bd. die Behandlung „der hydrographischen Zustände und der sonstigen Beschaffenheit des alluvialen Landes" der Eider-Treenebucht angekündigt.

Den neuen Weg des cimbrischen Transitverkehrs, der 1462 in der bischöflichen Zollstätte Schwabstedt vermißt wird, weist eine Urkunde von 1461 auf, die König Christian von Dänemark Amsterdamer Kaufleuten ausgehändigt hat: „den vorgenanten borgeren, kopluden, unde inwoneren ... georlovet hebben, dat se mid eren schepen unde guderen segelen mogen beth to Husem, sodane gudere darsulvest to Huseme upschepen unde de vortan over lant to furen lathen beth to Flenszborgh, desulven gudere se darsulves to Flenszborgh wedder inschepen mogen unde darmede segelen, wor en gelustet. Dergeliiken mogen se ock mid eren schepen unde guderen segelen uth der Ostersee beth to Flenszborgh, darsulvest sodane gudere upschepen unde de vortan over lant furen laten beth to Husem unde sodane gudere darsulvest to Huseme wedder inschepen mogen unde darmede segelen, wor en gelustet, ... Ock mogen de genante burgere, koplude unde inwonere mid eren schepen unde guderen ere vorkeringe hebben in unnser stad Sleswiig ..."[29] An die Stelle Hollingstedts ist Husum getreten. Für die Ostküste werden als Umschlagsplätze für den Land- zum Seeverkehr Schleswig u n d Flensburg genannt. Flensburg ist bereits der bedeutendere Hafen. Schleswig wird in dieser Urkunde nur noch so nebenbei erwähnt.

Die schon bei der Besprechung der Naturlandschaft dargestellte Seichtheit der Schlei macht diese Entwicklung verständlich. Dazu kommt, daß die Mündung der Schlei einer starken Versandung unterliegt. 1426 war sie bereits so flach, daß es Erich von Pommern anläßlich einer Belagerung von Gottorf und Schleswig gelang, die Schleimündung mit Steinen zu verstopfen, um die Belagerten von aller Zufuhr aus Dänemark abzuschneiden. 1652 erzählt Dankwerth: „Aber die Dänen haben diese Steine wieder weggebracht und die Schlei mit Gewalt offen erhalten ... aber daß der Mund der Schlei vom Sande und Schlamm des Meeres sich immerzu verstopfe und das Tief sich wol gar verlieren würde wofern nicht der Sand und Schlamm nicht zuweilen weggeräumet, und die Schlei also offen gehalten wurde." (S. 114). In der 2. Hälfte des 18. Jahrhunderts hatte die Tiefe des Schleimundes auf „vier Fuß und darunter" abgenommen, sodaß nur die kleinsten Schiffe aus- und eingehen konnten (Lempfert 1864, S. 11). Der morphologische Befund: Der Strandwall, der sich von Bockenau nordwärts erstreckt und sich vor die Mündung der Schwarzbeck und Schlei legt, bestätigt die Klage der

---

[29] Hansisches Urkundenbuch VIII, 1093.

Chronisten. Seit 1794 öffnet ein Kanal von 4 m Tiefe die Mündung der Schlei (Hinrichs 1919, S. 112).

Schleswigs grenzpolitische Bedeutung.

Von Einhard an betonen die Geschichtsschreiber die Lage Schleswigs an der Grenze. Das Zusammentreffen des Ortes mit der Grenze ist in Anbetracht der Stadtentstehung rein zufällig. Die Stadtentstehung wird vollkommen durch ihre frühmittelalterliche handelsgeographische Aufgabe erklärt. Die Bedeutung der Schlei-Treenezone für den Verkehr gab aber auch der Grenze ein besonderes Gewicht. Sie machte in den bewegten Zeiten des frühen Mittelalters einen besonderen Schutz und die dauernde Anwesenheit eines Feldherrn erforderlich. So wurde die blühende Handelsstadt am innersten Winkel der Schlei — zugleich die gefährdetste Stelle des zu Überfällen lockenden Querweges — auch der Sitz dieses Grenzschutzes, aus dem sich in der zweiten Hälfte des 11. Jahrhunderts die schleswiger Statthalterschaft entwickelte.

Anfangs ist die Residenz der Statthalter das Kastell in der Schlei, die Jürgensburg auf der Meweninsel. Dieser Bau stammt vielleicht von Knud Laward (1115—1131), dessen Regierungszeit auch sonst für die Stadt bedeutungsvoll wurde. Knud zog Handwerker und Kriegsleute aus dem Süden heran und suchte Handel und Gewerbe nach deutscher Art umzubilden (Helmold, I, 49, S. 101). „Precipue vero Slesvicensibus beneficus erat." Die unter Knud eingeschlagene Entwicklungsrichtung der Stadt tritt um 1400 klar zutage. Das neue Stadtrecht wird nicht in dänischer, sondern in niederdeutscher Sprache aufgeschrieben. Inhaltlich ist es im wesentlichen eine Übertragung und Erweiterung des alten Textes. In der Bevorzugung des deutschen Elementes spiegeln sich die Unabhängigkeitsbestrebungen der Schleswiger Statthalter vom dänischen Thron wieder. Es entwickelt sich aus der Statthalterschaft im 12. Jahrhundert ein selbständiges Herzogtum (Brand 1925).

Im 11.—13. Jahrhundert wird von deutschen Kaisern wiederholt die Eider als Grenze anerkannt. Die Stadt Schleswig, erst wegen ihrer Grenzlage der gegebene Sitz des Statthalters, war jetzt als Mittelpunkt des kleinen südjütischen Herzogtums zur Residenz- und Verwaltungsstadt nicht minder geeignet. So behielt die innerste Schleibucht die Aufgabe eines Regierungszentrums, auch als ihre ursprüngliche Bedeutung für den Transithandel schwand.

Analyse des Nyghenstatgrundrisses.
(Vergl. für das Folgende Karte 9 und Karte 2).

Gleichzeitig mit dem wirtschaftlichen Rückgang zur See wendet Schleswig auch im Siedlungsvorgang sein Gesicht von der Wasserseite ab und dem Festlande zu. Der gute feste Baugrund und flache Boden des Holm bleibt unbeachtet, St. Johannis Kloster hier die äußere Grenze. Die Nighenstadt entsteht im Norden, wo sie sumpfiges Gelände vorsichtig umgehen und überbrücken und an steigenden Straßen den Fördensteilrand überwinden muß. Die Nachrichten von den schon berichteten Belagerungen der Stadt durch Erich den Pommern und eine Verordnung vom Jahre 1402: „de gheven is na Ghodes Bort veerteyn hundert Jaar, danna in dem andern Jaare," machen es wahrscheinlich, daß zu Beginn des

15. Jahrhunderts der alte Befestigungsring noch nicht von Häusern durchbrochen ist: „Vortmer so willen wy, dat gy iuwe Stadt helpen vesten, wann gy to esket werden, en islick by siner Woninghe" [30]).

1440 wurde Adolf VIII. von Holstein erblich mit Schleswig belehnt, nach seinem Tode werden beide Herzogtümer mit Dänemark in Personalunion verbunden (1460). Bis zur zweiten Teilung des Landes, die Gottorf wieder zum Verwaltungsmittelpunkt des Herzogtums macht (1544), erfüllt Schleswig nur die Funktion eines Marktortes.

Die alten Zugangsstraßen sind im Grundriß der Nighenstadt erhalten. Abgeschlossen vom Landverkehr liegt Alt-Schleswig auf seiner Insel. Nur eine einzige Straße führt aus dem geschlossenen Siedlungsrund heraus. Der im Nordwesten der Stadt vorgelagerte Kälberteich verhindert eine allseitige Ausstrahlung der Verkehrswege unmittelbar vor dem Tore. Auf dem schmalen Gelände zwischen Kälberteich und Holmer Wiesen bleibt die Langestraße die einzige Anmarschstraße. Sobald der Jürgensbach nördlich des Stauteichs überbrückt werden kann, gabelt sich der Weg in den dem nordöstlichen Angeln entgegengerichteten, über 22 m breiten Straßenmarkt [31]) des unteren Gallberg und in die außerordentlich schmale Mönchenbrückstraße, die die Talaue des Mühlenbachs überquert. Für allen Verkehr, der nicht zur Wasserseite und nicht ins nordöstliche Angeln gerichtet ist, ist die Mönchenbrücke der notwendige Ausgang aus Schleswig. So konnte erst westlich dieser Brücke das für den Landverkehr der Inselstadt notwendige Einstrahlungszentrum der Zufahrtsstraßen entstehen, das durch die Verbauung der Nighenstat zum Kornmarkt wurde. Allerdings ist dieses Zentrum nicht vollständig, da die für den Marktverkehr Schleswigs so wichtige Angelner Richtung fehlt. Vom Kornmarkt gehen folgende Straßen aus: a) die Faulstraße nach Norden, dicht am Höhenrand des St. Jürgentales entlang, b) die Michaelisstraße nach Nordwesten und c) der Stadtweg nach Westen, eng an den Fördensteilrand geschmiegt, auf der flachen randstufenartigen Schwelle bleibend. Der nördliche Weg führte nur zum Stadtholz und der westliche zum Schloß Gottorf. Gottorf und die benachbarte Hesterberggegend waren ursprünglich von allem Land südlich des Burgseearmes durch das Wasser der Schlei getrennt. Daraus folgt, welche überragende Bedeutung die mittelste der Straßen, die Michaelisstraße hatte. Es war „die Verbindung" Schleswigs mit der „Welt". In Schuby, einem Dorf nordwestlich von Schleswig, am Rand von Jungmoränen- und Geestlandschaft, stieß sie auf die alte Nord-Süd-Heeresstraße der cimbrischen Halbinsel, den Ochsenweg. So wurde die Michaelis-Schubyerstraße für den Verkehr nach Norden und Süden gleicherweise benutzt. Diese Straße ist westlich des Mühlenbachs die erste und auf dem Stadtplan von 1584 noch die einzige, die von Häusern eingefaßt wird.

In Richtung Gottorf wächst die Stadt nicht über die Höhe des Michaelisberges hinaus (Karte 3). Wirtschaftliche Aussichtslosigkeit wird mit den schlechten Geländeverhältnissen zusammen gewirkt haben; denn westlich des Michaelisberges floß der nächste, allerdings viel kleinere Bach vom Steilhang herunter. Die Kreissparkasse (Ecke Stadtweg-Bismarckstraße), die heute dort steht, mußte aus

---

[30]) St. A. K. Urkunden V, 25.
[31]) dieser Teil reicht bis zum Kattsund, s. Straßenbreitenkarte Karte 6.

diesem Grunde auf Bohlen erbaut werden (Auskunft von Herrn Brunnenbauer Vertens).

Über die damalige westliche Gemarkungsgrenze der Stadt gibt das Braune Ratsbuch Auskunft: „daß unsere Gerechtigkeit sich strecket an den Domziegelhof, da der Bach vom Mönchenland herunterläuft, da noch eine alte Heckstätte die Scheidung heutigen Tages beweiset"[32].

Auch „Kattsund" und „am Polierteich" mögen schon existiert haben. Letzterer aber nicht als bebaute Straße, sondern nur als Zugangsweg zur neuen Mühle[33]. Dieser Weg ist heute noch in der Tiefe des Tales ganz frei. Bis in die modernste Zeit hinein wird die breite Talaue des St. Jürgenbaches bei der Stadtentwicklung von der Besiedlung gemieden. Auch der Querweg, der auf dem Stadtplan von 1933 als Kirchensteig eingezeichnet ist, ist nur ein schmaler Fußsteig zwischen Wiesen im Tal und Knicks auf den östlichen Höhen.

Die Isohypsenkarte (Karte 4) zeigt, wie geschickt die ansteigenden Straßen den Fördensteilrand überwinden. Beim Michaelisberg verbietet der schroffe Abfall den senkrechten Anstieg von Süden her. An der Talseite führt die Straße allmählich um den Berg herum und gleichzeitig hinauf. Kaum treten im NO der Kirche die Isohypsen auseinander, da wendet sich die Straße energisch nach NW, um die endgültige Höhe zu gewinnen, auf der sie dann in ihrem weiteren Verlauf nach Schuby bleiben kann.

Stadtbild um 1580 und Kritik der Braunschen Karte.

Von dem Aufriß der Stadt des 16. Jahrhunderts ist uns kein anderes Bild überliefert als der Stadtplan von 1584 (Abb. 3). Die Monumentalbauten scheinen wahrheitsgetreu wiedergegeben (s. S. 18), die Bürgerhäuser dagegen stark schematisiert. Der heute noch so auffallende unterschiedliche Charakter der Straßen kommt gar nicht zum Ausdruck: z. B. die platzartige Weitung des Gallberg gegenüber der normalen Breite der Langenstraße.

Ganz unzuverlässig sind die Längenproportionen. Stadt und Schloß Gottorf sind viel zu nahe aneinander gerückt. Diese Entfernung müßte nach dem Maßstab, in dem die Stadtteile gezeichnet sind, doppelt so groß sein. Durch die Vernachlässigung des rein Naturlandschaftlichen und die übermäßige Betonung aller kulturellen und Siedlungsmomente in der Landschaft, das unwahre Zusammenrücken dieser Elemente auf dem Bild, kommt ein ganz falscher Eindruck von der Umgebung der Stadt zustande. Dies mag am auffallendsten Beispiel erläutert werden. Im Luftbild (Abb. 1) von 1931, das genau von Westen aufgenommen ist, sieht man über die Burgseegewässer im Vordergrund, über die durch Dämme gebildete heutige innerste Schleibucht und die Königswiesen hinweg auf die Altstadt mit ihrem ragenden Dom. Von der auffallenden weiten glatten Fläche der Königswiesen bleibt auf dem Braunschen Stadtbild nichts weiter übrig als der Zipfel des Lusbusch, der auch auf dem Luftbild durch seine Baumvegetation deutlich

---

[32] St. A. Sch. S. 20. 1558. Domziegelhof als Stadtteil heute erhalten s. Karte 9. Lauf des Bachs die heutige Fehrsstr.
[33] als solcher 16. IV. 1661 erwähnt St. A. K. A XX, 3323 „Die Mühlwege nachher unser neuen Mühlen in Schleswig am Polierteiche sowohl vom Pferdemarkt her, als aus der Michaelisstr."

hervortritt. Daß die Königswiesen im 16. Jahrhundert vielleicht noch nicht so hervortreten, ist unmöglich, da sie schon im alten Stadtrecht erwähnt werden (§ 74). Durch das Fehlen der weiten Königswiesen auf dem Braunschen Bild treten die Häuser, die zwischen Schleswig und Gottorf gestanden haben (z. B. Domziegelhof), viel zu nahe an die Stadt heran. Dadurch wird für die städtische Siedlung der Eindruck eines viel weiteren Grades von Aufgelöstheit und Ausdehnung der Peripherie erweckt, der tatsächlich nicht vorhanden war! Für den Charakter und die Entwicklungsphase einer Stadt ist aber gerade dieses Moment von großer Wichtigkeit. Die Geschlossenheit und Isoliertheit der Altstadt hinter den leeren Königswiesen fällt auf dem Luftbild sehr auf. Wieviel stärker muß dieser Eindruck für das 16. Jahrhundert zutreffen, wo noch nicht einmal der Stadtweg bebaut war!

2. Verlagerung des Schwerpunktes in die herzogliche Residenz und Ausbreitung städtischer Siedlungsformen um Schloß Gottorf (16.—18. Jahrh.).

a. Historische und siedlungsgeographische Voraussetzungen.

α) Schloß Gottorf.

Als die Meweninsel für die königlich-herzogliche Burg zu eng wurde, war in der Schleibucht die Insel Gottorf der einzige und gegebene Platz zur Verlegung des festen Schlosses. Die Urkunde vom 20. XI. 1268 meldet: „Dominus Nicolaus episcopus Slesvicensis nobis scotauit curiam suam in minori Gottorp ... cum curie et ville in swansae."[1]) 20 Jahre später: „Dosulues uorbrande Sleswik uan ereme egen uure, unde hertoch Woldemar let de stadt wedder umme beureden myt holte, dat he halede uan deme slate Gottorpe, unde let dat slot uan Gottorpe uorsturen unde dal breken, dat sin uader hertoch Erik let buwen myt groter kost."[2])

Der Besitzwechsel Gottorfs ist das erste Glied in einer langen Kette von Ereignissen, die schließlich nach 3—400 Jahren die landesherrliche Macht vollends das Erbe des Schleswiger Domkapitels antreten läßt. Diese Entwicklung äußert sich nicht nur in den materiellen Besitz- und Rechtsverhältnissen an der Oberschlei, sondern auch in der Verlagerung des geistigen und wirtschaftlichen Mittelpunktes. Im Anfang ist von dieser Entwicklung nur wenig zu spüren; zu verworren verlaufen die innerpolitischen Verhältnisse Dänemarks. Zeitweise sind Schleswig und Holstein unter einem Herrscher mit dem Königreich verbunden, dann steht die Gottorfer Residenz öde und verlassen. Das ändert sich, als 1544 bei erneuter Teilung die Herzogtümer endgültig in den königlichen, herzoglichen und gemeinsamen Anteil zerfallen. Jetzt wird Gottorf fester Sitz der Herzöge, Verwaltungs- und politischer Mittelpunkt des kleinen Territoriums. Die alte Stadt Schleswig hatte schon lange ihre weitberühmte Handelsmacht verloren; Domkapitel und bischöfliche Würde büßten in den reformierten nordischen Landen

---
[1]) Hasse, Urkunden II, 384.
[2]) Chronik der nordelbischen Sassen, S. 89 f. 1287.

ihren Sinn ein; Schleswig erfüllte die Funktion als Marktort seiner nächsten bäuerlichen Umgebung. Einzig über diesen engen Horizont hinaus wies von nun an das Leben und Wirken auf der Schloßfeste Gottorf. Bald mußte sich diese innere Kräfteverschiebung auch äußerlich kund tun: Schloß Gottorf wird der Kristallisationsmittelpunkt einer neuen Siedlungsentwicklung in der innersten Schleibucht; diese vollzieht sich gänzlich unabhängig, ja sogar oft feindlich zum alten Siedlungskern, dem „großen Markt" der Altstadt Schleswig.

Gottorfs Lage war den neuen Aufgaben vorzüglich gewachsen. Rings von Wasser umgeben bot die Insel idealen Schutz für eine mittelalterliche Festung[3]); die in nächster Nachbarschaft vorgelagerten diluvialen Schwellen des Nord- und Südufers der Schlei gaben reichlich Gelegenheit für neue Ansiedlungen (Karte 2).

β) Der neue Tiefenweg am Westsaum der Schlei.

(Vergl. Karte 2 und Karte 3).

Die natürlichen topographischen Vorteile wurden noch gesteigert durch den großen Gottorfer Damm, der Nord- und Südufer verbindend die Scheitellage der Insel innerhalb der Schleibucht fast bis zur Bedeutung eines Verkehrsgelenkes erhebt. Der Gottorfer Damm wird ergänzt durch den Busdorfer Damm im Süden, der die mittlere Fortsetzung der Schleirinne zum Busdorfer Teich aufstaut. Die Erbauungszeit beider Dämme ist nicht überliefert. Auf den ältesten Karten sind sie schon eingezeichnet.

Die älteste Nord-Südstraße der cimbrischen Halbinsel mied das unruhige Relief der jungglazialen Moränenlandschaft. Die alte Heer- und Völkerwanderungsstraße, später im 15.—17. Jahrhundert nach dem Haupttransportobjekt auch „Ochsenweg" genannt, führte immer am Geestrand entlang. Im Kalegat (s. Einhardtext S. 8) öffnete sich ihr das einzige Tor des Danewerk. Die Wege, die vom Sanderrand abbogen und den tiefen Förden zustrebten, suchten das Wasser. Umschlagsplatz vom Land- zum Wasserweg zu sein, war ja die älteste Bedeutung Schleswigs. Doch als die Schiffahrt der Schlei verödete, wurden die Ufer der innersten S c h l e i b u c h t nicht nur im verkehrsgeographischen Sinne, sondern auch tatsächlich von einer Durchgangs- in eine S a c k g a s s e n l a n d s c h a f t[4]) umgewandelt. D i e s e S i t u a t i o n v e r ä n d e r n d e r G o t t o r f e r u n d B u s d o r f e r D a m m. Sie schaffen parallel zu dem alten Höhenweg am Geestrand einen Tiefenweg am Westsaum der Schleirinne. Von nun ab kann man von der Altstadt auf das Südufer gelangen, ohne die Endmoränenhöhe erklimmen zu müssen und ohne den Umweg um die landfesten Fortsetzungen des Burg- und Busdorfer Sees.

Der neue Tiefenweg hat den alten Höhenweg nicht in seiner ganzen Bedeutung ersetzen können, dafür hat dieser die kürzere Strecke und die größere Bequemlichkeit voraus[5]); aber er hat der bislang „abseits" gelegenen Schleibucht

---

[3]) Nach Ausgang des Mittelalters war Gottorf die einzige Festung des Landes Schleswig; es verlor seine Wehrhaftigkeit erst 1848. (Haupt 1924, S. 744 und 731).

[4]) Die Urlandschaftskarte (Karte 2) zeigt, wie von den flachen Schwellen kein anderer Ausweg bleibt als der über die Höhen des Fördensteilrandes zurück.

[5]) Immerhin ist bezeichnend für die Bedeutung des neuen Tiefenweges, daß sich an ihm die Hauptzollstätte des Landes befand. Auch alles Vieh, das über Hollingstedt und Kleindanewerk nach Süden ging, mußte bei der Zollstelle nördlich des Gottorfer Dam-

die Stellung und Zugänglichkeit im Verkehrsnetz gegeben, die ein Regierungsmittelpunkt im Interesse seines Landes haben muß. Für die Weiterentwicklung der innersten Schleibucht selbst ist Folgendes wichtig: **der neue Tiefenweg steht in gar keiner Beziehung zur alten Stadt Schleswig**. Vom Busdorferdamm aus zieht er auf dem flachen Hang des westlichen Diluvialgeländes nach Norden, östlich vom Erdbeerenberg benutzt er die enge Diluvialbrücke, die zur „langen Platte" hinüberführt. Nachdem die „Lange Platte" überquert ist, stellt der Gottorfer Damm die Verbindung zu dem schmalen, sich nach SW vorschiebenden Sporn des Hesterberges her. Hier mündet der Damm in den alten Zugangsweg zum Schloß Gottorf [6]), der, sich die geringste Neigung aussuchend, auf dem Kamm des Hesterbergvorsprunges den Hesterberg ersteigt. Auf der Höhe trifft der Weg in der Gegend der heutigen Hühnerhäuser den Verbindungsweg Schleswig-Ochsenweg. So liegt Schloß Gottorf geschützt und verschanzt hinter seinem Burgseegraben und doch zugleich im Knie und Zentrum der neuen, die Schleibucht berührenden Verkehrslinien. Drei Straßen stoßen hier aufeinander (Abb. 1): (1) der Lollfuß-Stadtweg, der den Verkehr aus Schleswig und dem östlichen Angeln bringt, (2) die Hesterbergstraße von Norden, (3) die Friedrichstraße von Süden.

b. Entstehung und Wachstum der Siedlungen um Schloß Gottorf als Keimzelle.

α) Zubehöre auf „Schloßgrund".

Ursprünglich hat die nahe Stadt die Bedürfnisse des Schlosses gedeckt. Doch mit der ständigen und erweiterten Hofhaltung des autonomen Herzogtums entstanden ausgedehnte Wirtschaftseinrichtungen, die die wichtigsten materiellen Bedürfnisse des herzoglichen Hofes befriedigen mußten. Im 15. Jahrh. war Apenstorf, nordwestlich von Schleswig, noch ein Dorf (Registrum capituli Slesvicensis 1352—1407). Für das 16. Jahrh. wird aus einem alten Folio des Stadtarchivs folgendes mitgeteilt: 1524 gehörte das Land-Gut Apensdorf mit Hölzung, Fischerei und 3 Lansten dem Domkapitel, das das Holz zum Kirchenbau gebrauchte. Zu Herzog Adolfs Zeiten (1544—1586) ist dies alles zur Gottorfer Kammer gekommen. Das Haus ist eingegangen, „das Holz ganz consumieret" [7]). Schon 1570 hat Apensdorf zu Gottorf gehört [8]), später werden seine Koppeln zum Vorwerk geschlagen (Jensen 1841, S. 1057). Auf dem Stadtplan von 1584 ist ein dichter Häuserkomplex auf der Stelle des Vorwerks eingezeichnet (vergl. Abb. 3 und 4). Bei einer Aufzählung der steuerfreien Häuser sind 7 Häuser als „Folgende beim

---

mes angegeben und verzollt werden. Dieser Gottorper Zoll war „so einträglich, daß er bei der Teilung des Landes 1544 im gemeinsamen Besitz des Königs von Dänemark und der Gottorfer Herzöge verblieb." (Jürgens 1914, S. 140). „Ab 1830 beschränkte sich die Verzollung auf das die Stadt selbst berührende Vieh"; damit verliert die Zollstätte wesentlich an Bedeutung.

[6]) Sach (1875, S. 317) hat noch eine Zeichnung vom Schloß Gottorf in seinem Besitz gehabt, auf der noch keine Dämme eingetragen sind und Gottorf mit dem Hesterberg durch eine Brücke in Verbindung steht. — Schmidt 1903, S. 19: „diese Copie ist jetzt abhanden gekommen."

[7]) St. A. Sch. A, 1. „Verschiedene Verfügungen und Nachrichten 1635—1760".

[8]) St. A. K. A XX, 1943.

Vohrwerk wohnende" angegeben [9]). Nach einem Inventar vom Jahre 1705 [10] bildete das Vorwerk den Mittelpunkt der herzoglichen Gutswirtschaft. Auf der zeitlich folgenden Karte von 1761 (St.A.K. 402 B II, 155) ist das Vorwerk nicht mehr an alter Stelle zu finden, sondern nach Nordwesten verlegt. Nach Philippsen (28, S. 42) soll dies 1665 nach einem Brande geschehen sein [11]). Apenstorf ist die einzige sicher nachweisbare Wüstung im heutigen Schleswiger Stadtgebiet; gelegt ist das Dorf nicht von der Stadt, sondern von der herzoglichen Residenz.

Außer dem Vorwerk gehörten zum Zubehör des Schlosses: der herzogliche Ziegelhof an der westlichen Flanke des Hesterbergs und vor allem fast das ganze Gebiet der langen Platte, der Ost- und Westgarten, das Waschhaus, der Jägerhof, der Fischerhof und die Gottorfer Erbpachtsmühle (s. Stadtplan von 1649. Abb. 4).

Die Mühle bestimmt durch die Zuleitung ihres Mühlenbaches bis heute die hydrographischen Verhältnisse und damit auch das Siedlungsbild des hier zwischen dem Burg- und Busdorfer See sich entwickelnden Gemeinwesens, des Friedrichsbergs. Obwohl in nächster Nähe vom Burgsee gelegen, wird die Mühle vom Wasser des Busdorfer Teichs getrieben. Den Weg, den das Wasser vom Teich bis zur Mühle zurücklegt, zeigt die Karte 3 (vergl. dazu auch Urlandschaftskarte), in der die künstlichen Dämme und Wasserläufe eingezeichnet sind. Im Süden hindert der Damm des heutigen Georg-Pfingstenweges das nach Norden fließende Wasser am Abgleiten in die Schlei (St.A.K. A XX, 2959, Abb. 5). Diese Aufgabe übernimmt nördlich der Bahnhofstraße, sobald sich die flachen diluvialen Schwellen von der kompakten Masse der Endmoränen (hier Erdbeerenberg) lösen, die schon erwähnte schmale Diluvialbrücke, die Friedrichsberg und lange Platte verbindet. Im Osten dieser Landbrücke bestand ursprünglich ein natürlicher See, der auf den Karten von Dankwerth 1649, Neynaber 1761 und Lobedanz 1791 noch zu sehen ist (Abb. 4). Auf der langen Platte begleitet das Wasser die oben besprochene Nordsüdhauptstraße erst westlich als breiter Graben, der die dahinter liegenden Adelshöfe nur über Brücken zugänglich sein läßt (Karte 8 g), und dann östlich als Mühlenteich, der seit 1900 bis auf einen Graben zugeschüttet die heutigen Anlagen des Herrenstall bildet. (S. Karte 3 und Karte 9). Wenn man den Verlauf des Gottorper Mühlengrabens mit dem Blatt der Urlandschaftskarte vergleicht, sieht man, wie außerordentlich fein die Grabenführung sich dem natürlichen Gelände anpaßt. Lempfert (1864) rühmt: „Das Werk versorgt ganz Friedrichsberg mit immer fließendem frischem, in unmittelbarer Nähe zu habendem Wasser zu den mannigfaltigsten Zwecken, und schafft, fast inmitten in der Stadt, einen schönen und nützlichen Teich und eine von der Natur nicht unmittelbar nachgewiesene Wassermühle." Zwischen dem Mühlenteich und dem „Ostergarden" lag der herzogliche Marstall, der diesem Stück Straße den Namen „Herrenstall" gegeben hat.

Außer der Gottorfer Mühle ist von den eben geschilderten „Zubehören" des herzoglichen Schlosses nichts mehr erhalten. Auch spielen sie in dem Siedlungs-

---
[9]) St. A. K. A XX, 2959.
[10]) St. A. K. C XIII 4 Nr. 935.
[11]) Die neue Lage, die auf den Stadtplänen von 1761 an zu finden ist, bezeichnet Jürgensen folgendermaßen: „Die Gebäude und die Scheune dazu lagen in dem Winkel der Koppel, die sich gegen das erste der Hühnerhäuser (Nr. 53, Quatier VII) hin neiget." 1822. S. 28.

prozeß, der um die Mitte des 16. Jahrhunderts östlich und südlich vom Schloß Gottorf einsetzt, quantitativ entschieden nicht die Hauptrolle. Trotzdem verlangten diese Zubehöre bei der Darstellung des Entwicklungsganges von Lollfuß und Friedrichsberg zuerst Berücksichtigung, weil sie als das zeitlich Primäre bestimmen, wo Platz bleibt für die Adligen und Bürger, die nach und nach mit ihren Häusern die Nähe des Herrschersitzes suchen.

β) Die gewachsene Residenzstadt Lollfuß-Friedrichsberg.

Im folgenden reihe ich ein paar Notizen aneinander, genau so, wie ich sie der Acta A XX, 2959 [St.A.K.] entnommen habe:

29. VI. 1593. J. A.[12]: David Koch „aus besonderen Gnaden . . den Platz, auf welchem sein Haus **zwischen Gottorf und Schleswig** belegen" geschenkt.

6. IV. 1598. J. A.: Heinrich Kluge geschenkt „unser Haus **am Hesterberge zwischen Gottorf und Schleswig** belegen."

19. IX. 1601. J. A.: Jacob Suvels darf freibewohnen „ein Haus **am Hesterberge zwischen** Gottorf und Schleswig."

7. IV. 1602. J. A.: Jacob von Gothe darf „ohne abgifft" bewohnen „unser Haus **am Hesterberg**".

10. X. 1602. J. A.: Johann Kollern „Hoffschmitt" Begnadigung für „sein Haus beym Vischerhofe" „**für Gottorf**"[13] by Hermann Klein Buchsenschmied.

25. I. 1608: „**Für Gottorf**".

8. II. 1610: „**im Lulfuß**".

28. XII. 1610: „**im Lollfuß**".

19. X. 1625. Fr.[14]: „**an unserm Mühlenteich belegen**".

9. XII. 1631: Fr.: „wegen der für **Gottorf aufen Katerberge**[15] belegenen Behausung".

3. I. 1633: „Hauses im **Kratzenberg**".

22. III. 1638: „am **Kleyenberge**"[16].

22. II. 1645: „im **Lullfuß** by des Thumb Capittels zu Schleswig Ziegelhof."

9. II. 1653: „im **Friedrichsberge**".

Obwohl es sich bei diesen 15 Beispielen nur um privilegierte Häuser handelt, so geht doch aus der in den Akten vorgefundenen Reihenfolge hervor, daß **die erste Besiedlung von Lollfuß und Friedrichsberg ihrem Wesen nach völlig gleichartig ist**. Was trennt, ist: erstens der breite Burgseearm mit dem siedlungsleeren Gottorfer Damm und zweitens ihre kirch-

---

[12]) Abkürzung für Herzog Johann Adolf, der diese und die folgenden Urkunden unterschrieben hat.

[13]) „für Gottorf" = „vor Gottorf", so wird auch das Gebiet der „langen Platte" (s. Karte 2) genannt.

[14]) Abkürzung für Herzog Friedrich, der diese und die folgenden Urkunden unterschrieben hat.

[15]) Katerberg, Katzenberg, Kratzenberg ist der alte Flurname für die Höhen südl. des Erdbeerenberges und haftet solange an der hier neu erstehenden Siedlung, bis er durch „Friedrichsberg" (nach dem Herzog Friedrich) ersetzt wird, s. auch Karte von 1649. Abbildung 4.

[16]) der heutige Kleinberg.

liche Einteilung, die übernommen ist aus der Zeit der natürlichen, Nord- und Südufer scheidenden Zustände an der Schlei. Die Lollfußer gehören zur Michaeliskirche und die Friedrichsberger zur Haddebyer Kirche, bis 1650 die Friedrichsberger Kirche erbaut wird (Schröder 1825, S. 168). Diese Gründe allein lassen Lollfuß und Friedrichsberg immer als zwei getrennte Gemeinden auftreten; ihrer Entstehung nach aber sind sie ein und dasselbe: das Residenzstädtchen des Schlosses Gottorf.

Hof- und Staatsbeamte ließen sich hier nieder. Von der sozialen und beruflichen Stellung derer, die die stattlichsten, bis heute erhaltenen Höfe einnahmen, gibt die Besitzfolge dreier zwanglos herausgegriffener Häuser eine Vorstellung (Anhang V, S. 71). Zu den höheren Beamten gesellt sich der größere Schwarm der mittleren und niederen Angestellten und der durch den Verdienst angelockten Handwerker. Das schnelle Wachstum der Residenzgemeinden findet seinen sprechendsten Ausdruck in einem Vergleich der Karten von 1584 und 1649 (Abb. 3 und 4). Bei der Karte von 1584 ist die S. 29 f gegebene Kritik berichtigend einzusetzen. Der Lollfuß hatte

   1601 : 25 contribuierende Häuser
   1630 : 83   „   „
   1650 : 106   „   „
   1670 : 125   „   „ (Sach 1875, S. 271).

Für den Friedrichsberg fehlen leider entsprechende Zahlen. 1692 sind „folgendergestalt die bishero befindlichen Freyhäuser angesetzt":

   „in der gemeine Friedrichsberg" 40,
   „ „ „   Lollfuß"   53. [17]

Soweit die Zubehöre des herzoglichen Hofes es zulassen, begleiten die Häuser mit Ausnahme des Kleinbergs die schon oben charakterisierten Fernverkehrswege. Im Norden wird der untere, sanft ansteigende Teil des Hesterberges und der Lollfuß bebaut; im Süden die Gottorf-Friedrichstraße bis zum Busdorferteich. Die Ursache für diesen einfachen Grundriß liegt in der Anziehungskraft der Straße, dann aber auch in dem Bestreben, auf den bequemen niedrigen Schwellen der Schleirinne zu bleiben, um Fördensteilrand und Moränenhöhe zu meiden. Diese Annahme beweist die Sackgasse des Kleinbergs. Der Kleinberg ist die einzige Bereicherung, die der Straßengrundriß in Lollfuß und Friedrichsberg durch die im Gefolge der Residenz entstehende und unbeeinflußt wachsende Besiedlung erhält. Der Kleinberg ist aber auch die einzige Stelle auf dem sich vor Schloß Gottorf ausbreitenden Komplex zusammenhängender flacher Diluvialschwellen, die noch nicht von Straßen oder „Zubehören" beansprucht war.

γ) Die Soldatensiedlung Friedrichsberg.

In süd-östlich geöffnetem Bogen begleitet die Residenzstadt Lollfuß-Friedrichsberg die Schlei. Auf ihrer nördlichen und westlichen Außenseite wird sie von busch- und waldbestandenen Höhen umsäumt [18]. Ulrich Petersen († 1735)

---

[17] St. A. K. A XX, 2959. — Freyhäuser sind die mit Privilegien, meist Steuerfreiheit, ausgestatteten Häuser. Die Privilegien werden vom Herzog verliehen.

[18] Jürgensen 1822 „Fötjenberg (Karte 2) ... in dem Tal dicht unter dem Berge wäre in dem Buschlande" ... S. 29. — Vom Waschhaus (Abb. 4) „geht ein Fußsteig

nennt „eine Gasse hinter der Kirchen", die den Namen „im Holze" führte und seit ungefähr 1666 mit kleinen Wohnungen bebaut wurde. Ausgediente Soldaten hatten die landesherrliche Erlaubnis erhalten, „in dem damals noch dicken Holze kleine Kathen zu bauen und mit beliebigen Kohlgärten zu versehen." (Philippsen 1924, S. 19). Diese Soldatensiedlung ist der heutige Rudolfsberg, Schulberg, Hornbrunnen und Karpfenteichstraße (Karte 9). Der Kartenzeichner des Stadtplanes von 1791 hat noch keine Ordnung in diesen Stadtteil zu bringen gewußt. Unregelmäßig verstreut stehen die Katen zwischen der Friedrichstraße und dem westlichen noch waldbedeckten Teil der Höhe. Alle Wege, die ins Innere dieser Siedlung führen, sind nur bis an ihren Rand heran gezeichnet. Erst auf dem Plan von 1823 sind die heutigen Straßen gezogen. Jürgensen (1822) spricht noch von der „Feldstraße", die man „am Karpfenteich" nennt (S. 37). Bis heute ist die Urwüchsigkeit dieser aus lauter Einzelrodungen entstandenen Siedlung in Grundriß und Physiognomie noch nicht ganz verwischt. (Karte 8h und Abb. 14). Auch der soziale Charakter der gewundenen bergan- und bergabsteigenden Gassen ist noch erhalten.

δ) Der Domziegelhof.

Eine andere dynastische Siedlungsgründung ist der Domziegelhof (Kart 3). Die Urkunde von 1670 [19]) mag selbst sprechen: „Wir von Gottes Gnaden Christian-Albrecht, ... thun unterthänigst zu vernehmen geben, welcher gestalt unsern zum vorwerk gehörende Koppeln durch weggrabung der Erde, so zu unser Thumb-Kirchen im Lollfuß belegenen Ziegelhoff verbraucht, in nicht geringer abnahme undt verwüstung gerathen, so gahr, das wo in zeiten dehm nicht remediret und vorgekommen, diese unsere Koppeln nicht mehr bepflüget, undt wir also in unsern Registern wegen der Pension schaden leiden würden. Als haben Wir darauf aus angezogenen motiven gnädigst beliebet, daß dieser Ziegelhoff sofort niedergelegt sein undt bleiben soll. ... Wie wir dan nicht weniger gnädigst erlauben undt geschehen lassen können, daß der Ziegelhoffplatz, so weit er sich erstrecket, mit Häusern bebauet, die Niederlassende so wohl ihr erlehrnete Handtwerke ohn unterscheid frey und ungehindert zu Treiben, als sonsten die übrigen allerhand getränke an Wein, einheimisch- undt Frembdbier, Mete, Brandtwein undt dergleichen, weiß- undt grob Brodt zu backen, allerhandt Vieh zu schlachten, undt bey großen- und kleinen Gewicht solches zu verkaufen, bemächtigt sein mögen, welche Niederlassende dan auch mit keinen Pflugschatzungen undt andere ordinari und extraordinari anlagen, undt abgiften, diensten oder dienstgelldern, sie haben nahmen wie sie wollen, über Kurtz oder Lang graviret, noch mit einiger ein-Quartierung unser eigenen Volcker ... beschwehret wer-

---

nach dem Erdbeerenberge ab; ein Fahrweg aber führt nach der sogenannten Pulvermühle. Dieser Fahrweg war noch vor ungefähr 56 Jahren auf beiden Seiten mit Hölzung und Buschwerk besetzt, so daß die Mühle im Walde lag." (S. 36) —

„Die ganze Gegend war überdem mit kleinen Bäumen und Buschwerk bewachsen, das sich bis an die abweichenden Straßen bei dem Karpfenteich, Erdbeerenberg und den Hölzungen hinzog." (S. 36—37).

„Die Hölzung reichte im Westen bis an die Dorfsfelder von Groß-Dännewerk und südlicher bis an den berühmten Dänen- oder Margaretenwall, den Bustorferteich und an die letzten Häuser des Husumer Baums." (S. 37)

[19]) St. A. K. A XX, 3062, 6. V. 1670.

den, anstatt diesem allem aber, von jedem Fachwohnhause zwo ₰ jährlich auf Michaelis unser Thumkirche entrichten sollen undt gleich dieser Ziegelhoff unter unser Thumbkirchen Hoheit von jehero gelegen, so sollen unsere Capitularen fernerhin undt also über die künftig Niederlassende patronen sein."

Die landesherrliche Gründung des Domziegelhofs ist nicht wie die Friedrichsberger Soldatensiedlung aus sozialen, sondern aus wirtschaftlichen Gesichtspunkten erfolgt. Sie ist ein reines Geschäftsunternehmen und hat in zahlreichen fürstlichen Markt- und Stadtgründungen ihre größeren Parallelen. Bezeichnend ist die Menge der Handwerker-Privilegien, die reichlich Siedler anlocken soll. 1699 muß Herzog Friedrich bereits in den Streit zwischen den privilegierten Ziegelhofern und den ihnen gegenüber benachteiligten Lollfußern eingreifen und ausdrücklich feststellen: „daß der vorbesagte Thumbziegelhof und dessen Einwohner mit den Eingesessenen im Lollfuß und auf dem Hesterberg nicht zu confundieren, einselpig zu ihrer Einquartierung nicht zu ziehen, besondern als ein separatum Corpus consideriert werden und bleiben sollen."[20] 1724 sieht sich das Domkapitel genötigt, „Leuten, welche üblen Gerüchtes wegen anderwärts nicht gelitten wurden"[21] den Domziegelhof als Ansiedlung zu verbieten.

Ursprünglich hatte der Domziegelhof nur den östlichen Zugang vom Lollfuß aus[22]. Der westliche (Karte 9) wurde erst 1673 durch Abtretung eines am Lollfuß liegenden Privatgrundstückes geschaffen[23]. In der langen Zeit von der Erweiterung der Altstadt an (um 1500) bis zur Anlegung der modernen Straßen (um 1870) ist dies der einzige Straßendurchbruch Schleswigs. Hier, wo infolge planmäßiger Gründung die Straße erst mit den Häusern entsteht, wird er notwendig! Im übrigen hat sich die städtebauliche Entwicklung am Westsaum der innersten Schleibucht an vorhandene Straßen und Feldwege angelehnt.

ε) Der Kleinziegelhof.

1707 wird auch der zum herzoglichen Schloß gehörige Ziegelhof an der Westflanke des Hesterberges aufgehoben. Zollinspektor und Kammerrat Stricker nimmt das Grundstück in Erbpacht und erbaute hier 7 kleinere Häuser oder Buden[24], „den Kleinziegelhof" (Karte 3). Dieser winzige Teil Schleswigs verdient deshalb eine besondere Erklärung, weil er sein ursprüngliches Aussehen noch vollkommen erhalten hat und sehr stark in seiner Umgebung, der vornehmsten Villengegend der Regierungshauptstadt, auffällt. Der Kleinziegelhof liegt jetzt im Winkel zweier Straßen. Bei seiner Entstehung, als Flensburgerstraße und Windallee noch nicht existierten, war seine entlegene Lage gerade gut genug für eine „Stadtrandsiedlung", eine „Armeleutesiedlung". Er nutzte die äußerste flache diluviale Erhöhung aus, die sich gegen die Pöhlerwiesen vorschiebt, für damalige Zeiten der einzige Baugrund zwischen Hesterberg und Burgseerinne. Von der Kaiser-Franz-Josephsallee kann man heute noch das Ansteigen des Kleinziegelhofgeländes aus den tiefen westlichen Wiesen gut beobachten.

---

[20] St. A. K. A XX, 3062. 13. VI. 1699.
[21] St. A. K. X XIV 176.
[22] Königstraße u. Schleistraße existierten noch nicht. Ihr Gebiet war unzulängliches Alluvium.
[23] St. A. Schl. A 16 (Fol. Bd. XVIII) 16. VI. 1673 Text: Anhang IV, S. 71 Skizze: Abb. 7.
[24] St. A. K. A XXIV, 186.

ζ) Rechtliche Stellung der neuen Siedlungen.

Mit Ausnahme des Domziegelhofes, der auf Domgrund steht (s. oben), liegen die anderen in Anlehnung an die Residenz entstandenen Siedlungen auf landesherrlichem Boden in der Ahrensharde. Sie bilden aber kein zu größerer Einheit zusammengeschlossenes Ganzes. Die einzelnen Teile stehen vorerst vollständig selbständig und unabhängig nebeneinander. Von der streng durchgeführten Scheidung des Domziegelhofes als „corpus seperatum" war schon die Rede. Ebenso unabhängig sind die Teile des „Schloßgrundes" (vergl. α) auf S. 33), also das Gebiet des Herrenstalls und alten Gartens, der Kleinziegelhof, das Vorwerk mit den Hühnerhäusern [25]) und die Wohnungen, die zum Neuwerk gehören. Die nicht auf Schloßgrund erwachsene Residenzsiedlung wird in Lollfuß und Friedrichsberg geteilt. Beide besitzen, obwohl sie Markterlaubnis und mit Amtsgerechtigkeiten ausgestattete Handwerker haben, kein Stadtrecht, sondern unterstehen wie Landgemeinden dem Bondengericht der Ahrensharder Gerichtsbarkeit. Erst 1695 erhalten Lollfuß und Friedrichsberg die Bewilligung, sich des Schleswiger Stadtrechtes zu bedienen. Sie bleiben aber vorerst unabhängig von der alten „Stadt Schleswig". Die Soldatensiedlung in der Friedrichsberger Hölzung hat rechtlich nie eine eigene Stellung eingenommen, sondern von Anfang an zum Friedrichsberg gehört, auf dessen Grund und Boden sie ja auch entstanden war.

η) Ihr Stadtbild.

Die eben charakterisierte Verschiedenartigkeit in Entstehung und Bevölkerungsphysiognomie der im Anschluß an Gottorf erwachsenen Siedlungselemente hat natürlich auch im Siedlungs b i l d ihren Niederschlag gefunden.

Die Adelshöfe und Kritik der Dankwerthschen Karte.

Obwohl Lollfuß und Friedrichsberg heute Geschäftsstraßen sind und sich dadurch vom Kleinberg und unteren Hesterberg unterscheiden, weisen diese vier Straßen gegenwärtig g e m e i n s a m e Z ü g e i m S t a d t b i l d auf, die auf i h r e e i n h e i t l i c h e E n t s t e h u n g zurückzuführen sind und die sie deutlich von den Ziegelhöfen und der Soldatensiedlung trennen. Gehen wir durch die betreffenden Straßen, so fesselt von Zeit zu Zeit immer wieder ein breit lagernder Adelshof unseren Blick. Die Schleswiger Adelshäuser unterscheiden sich grundlegend von den Adelshäusern Kiels, die „durchweg mit der schmalen Giebelseite zur Straße standen" (Pauly 1926) und sich so zur geschlossenen Straßenzeile der planmäßig angelegten Altstadt aneinanderreihten. In Schleswig kehrt kein einziger Adelshof seinen Giebel zur Straße; alle sind im Landhausstil erbaut und haben inmitten großer Gärten gelegen, die erst Anfang des 19. Jahrhunderts aufgeteilt sind.

Das Straßenbild des Lollfuß und Friedrichsberg zeigt also auch im 18. Jahrhundert, als die erste Entwicklung abgeschlossen war, keine geschlossene Straßen-

---

[25]) Nach Ernst Petersen: auf einem losen Foliobogen des Schleswiger Stadtarchivs von 1760 steht: „eine Straße nach dem Hesterberge hinauf, die endlich sich mit Bauernhäusern endiget, wovon die sieben letzten, die bei dem Neuen Werke an das Poelholz stoßen, die Hühnerhäuser heißen, weil die Einwohner ehedem Hühner für die herzogliche Küche ziehen mußten."

zeile. Die Lücken zwischen den Gruppen dicht stehender Häuser sind nicht Siedlungslücken im Sinn leerer Plätze, die von dem städtischen Siedlungsprozeß noch nicht ergriffen sind, sondern die großen Gärten und Parks der unregelmäßig zwischen die übrigen Bürgerhäuser verteilten Villen (Höfe) der Vornehmsten. Die dichte Reihung der Häuser auf der Dankwerthschen Karte (Abb. 4) ist also nur eine schematische Signatur für städtische Besiedlung überhaupt und läßt keinen Schluß auf die 1649 tatsächlich vorhanden gewesene Siedlungsdichte zu.

Sehr interessant ist in dieser Hinsicht ein Vergleich mit der von mir gefundenen, 1668 entstandenen Skizze vom örtd (Abb. 5)[26], die in der Ecke rechts oben einen Teil der Friedrichstraße mit darstellt. Die Abstände zwischen den einzelnen Häusern kommen im Gegensatz zu derselben Stelle auf der Dankwerthschen Karte sehr deutlich zum Ausdruck. Auch die gegenwärtige Verbauung zeigt gerade in diesem Bogen der Straße große freistehende Häuser.

Die älteste Aufrißskizze der städtischen Schleisiedlungen.

Der einheitliche Typ der breitlagernden Adelshöfe erlaubt einen Rückschluß auf das Stadtbild des 17. Jahrhunderts. Weit schwieriger, wenn nicht unmöglich, ist die Rekonstruktion des früheren Stadtbildes nach geringen Resten alter Bürger- und Handwerkerhäuser. Denn gemessen an der im 17. Jahrhundert vorhanden gewesenen Zahl sind weniger Bürgerhäuser erhalten geblieben als massiv gebaute Höfe. Deshalb ist bei dem Rückschluß von den erhaltenen Bürgerhäusern auf das frühere Straßenbild Vorsicht geboten, wenn wir nicht aus literarischen Quellen genau wissen, wieweit das erhaltene Haus einem bestandbildenden Typ entspricht oder einen Ausnahmefall darstellt. Selbst wenn das bekannt ist, ist es im Fall eines früheren Typengemisches immer noch schwierig, sich das richtige Verhältnis der Typen zueinander und damit das wirkliche Stadtbild einer vergangenen Zeit vorzustellen.

Im Stadtarchiv Schleswig ist eine bisher unveröffentlichte und noch nie ausgewertete Skizze von dem Lollfußteil zwischen den beiden Domziegelhofeingängen erhalten[27]. (Abb. 7; Acten-Text: Anhang IV S. 71). Den beiliegenden Akten nach kann die Zeichnung zwischen 1673 und 1761 entstanden sein. Die gerade Begrenzung der Straße scheint schematisiert; denn die Straße ist heute noch gebogen. Die Typen der Häuser und ihre für den Aufriß der Stadt wesentliche Zusammenfügung zu einem Straßenbild ist wahrheitsgetreu, denn die Skizze verführt zu dem Versuch, die dargestellten Häuser mit den noch vorhandenen zu identifizieren.

Was die Karte zum Ausdruck bringt, ist vor allem dies: Stattlich breite Bauten wechseln mit winzigen Kleinbürgerhäusern. Die Kleinbürgerhäuser zeigen in buntem Gemisch alle damals üblichen Typen: das Giebelhaus, das Firsthaus, das von Teilgiebeln und Mansarden durchbrochene Dach. Wenn wir die Entstehung der Residenzstadt mit den aus den verschiedensten Gegenden zugewanderten Bürgern berücksichtigen, nimmt diese Erscheinung nicht wunder.

Da diese Skizze das erste literarische Zeugnis über den Aufriß Schleswigs ist, zeigt sie zugleich, daß in Schleswig dem Problem der Entstehung des Stadthauses

---

[26] St. A. K. A XX 2959.
[27] St. A. Sch. A 16 (Fol. Bd. XVIII).

nicht näher zu kommen ist. Das vornehme Bürgerhaus jener Zeit zeigt holländische Barockfassade. Im übrigen ist auch hier wie in der Altstadt Schleswig der Auslucht vertreten, diesen aber kennt man in Holland, Flandern und am Niederrhein nicht. Er ist nur in Westfalen, Niedersachsen und an der Küste entlang bis Lübeck gebräuchlich [28]). Um eine direkte Verwandtschaftslinie zu irgendwelchen Bauernhaustypen aufweisen zu können, sind gerade die Schleswiger Kleinbürgerhäuser zu sehr zurückgebildet.

Mit Ausnahme dieses kurzen Lollfußteiles bleibt für die anderen Stadtteile nur die Rekonstruktion aus den Häuserdenkmalen selbst. Der problematische Wert dieser Methode ist eben besprochen worden.

Die Straßen.

Außer den Akten über die Adelshöfe [29]) geben einige andere urkundliche Nachrichten die Möglichkeit, das Straßen- und Stadtbild der Residenzgemeinden gegen Abschluß ihrer Entwicklung (Anfang des 18. Jahrh.) zu rekonstruieren.

In einem Gerichtsprotokoll der Gottorfer Kammer aus dem Jahre 1707 enthalten die Articuli reprobatoriales u. a. folgende Punkte:

„12) wahr, daß viehle Einwohner im Friedrichsberg s. v. Miststedten vor ihren Häusern auf der Gassen haben!

15) wahr, daß vor diesen im Friedrichsberg gar keine Steinbrücken oder bepflasterte Straßen gewesen.

16) wahr, daß nachher [30]) ein jeder Einwohner in Friedrichsberg vor seinem Hause die Gasse brücken lassen und solches noch itzo unterhalten muß." [31])

Weiteren Aufschluß gibt der „Vorschlag" des Amtmanns von Brockdorffen zu Gottorf „wegen der Straßen im Lollfuß und Friedrichsberg" (Anhang II, S. 68) [32]). Die Straßen entsprechen auch nach ihrer Bebauung nicht baupolizeilich überwachten Stadtstraßen, bei denen trotz aller Bauwiche, leerer Plätze und Biegungen des Weges in erster Linie die zusammenhängend erscheinenden Häuserzeilen zu beiden Seiten die Straße als solche gestalten. Der Brockdorfsche Bericht zeigt, daß die Straßen in Lollfuß und Friedrichsberg ihren Charakter als Landwege behalten haben. Unausgeglichen führen sie über Erhöhungen und morastige Stellen des Untergrundes hinweg. Die Anlieger setzen ihre Häuser und Zäune ganz nach eigenem Wunsch und Gutdünken. Die Straße selbst hat keinen weiteren gestaltgebenden Einfluß, als daß ihr Bestand als „via publica" gewahrt bleiben muß. Es ist eine typische Landstraßenvorstadtbebauung, bei der ein übergeordneter Einzel- oder Gemeinwille fehlt. Dieser setzt erst mit dem Befehl des Herzogs vom Jahre 1711 ein und hat dann nach der Eingemeindung mit Schleswig die Straßen bis zu ihrer heutigen Gestalt umgebildet.

---

[28]) Grisebach, Die alte deutsche Stadt in ihrer Stammeseigenart. Berlin 1930, S. 88.
[29]) St. A. K. A II. 356—405.
[30]) Dieser und der 15. Artikel bezieht sich offenbar auf die Verordnung vom 5. IV. 1699. Sie betrifft Friedrichsberg u n d Lollfuß. St. A. K. A XX, 2967.
[31]) St. A. K. A XX, 712 Articuli vom 22. VIII. 1707.
[32]) St. A. K. A XX, 2967, 23. II. 1711.

c. Das Schicksal der alten „Stadt Schleswig".

Ein Vergleich der um Gottorf erblühenden Siedlungen mit dem Schicksal der alten Stadt Schleswig in denselben Jahrhunderten zeigt, wie der wirtschaftliche Schwerpunkt der innersten Schleibucht sich ganz in den herzoglichen Hof verlagert hat.

α) Wirtschaftliche Lage und Konkurrenzstellung zu den neuen Residenzgemeinden.

Für den Handel war Schleswig ohne Bedeutung. Es lebten hier zwar noch Schiffer, doch beschränkten sie ihre Fahrt auf die Ostsee. Nur vereinzelt beteiligten sie sich an der Sundfahrt (Jürgens 1914, S. 65). Jürgens sagt zwar, die Zahlen der Sundzollisten entsprechen **nicht** ganz der wirklichen Bedeutung der Städte, da alle westlichen und gottorfischen Schiffe seltener die Sundfahrt machten (S. 82). Gerade dieser Umstand der Trennung der dynastischen von der bürgerlichen Kaufmannschaft macht die Sundzollisten aber für unseren Zweck besonders geeignet. Viermal nur ist die Stadt Schleswig mit je einem Schiff in ihnen vertreten: 1580, 1582, 1602, 1624 (Jürgens 1914, S. 99). Zu den Gründen des Niedergangs des Schleswiger Handels, die bereits erläutert worden sind, gesellt sich im 16. und 17. Jahrhundert der, daß der Adel den Städten die schärfste Konkurrenz macht und zwar von seinen in den Städten gelegenen Häusern aus (Jürgens 1914, S. 52 und 54). Ein Bild von der geringen Bedeutung Schleswigs für Schiffahrt und Handel geben die Kämmereirechnungen von 1618—1711. Unter „Brückengeld" wird als Ladung der angelegten Schiffe: Malz, Roggen, Rostocker Bier, Gerste, Flachs, Honig und Bürgergut angegeben. Durchfuhrgeld wird fast nur für Fische gezahlt.

z. B. 1674 Durchfuhrgeld: 19 ℔ 14 β nur Fische
     1675   „   23 „ 14 „   „   „
     1676   „   11 „   1 „   „   „
                                                           außer 10 β, die für anderes Gut
     1677   „   14 „   9 „   „   „
     1678   „   11 „   8 „   „   „   (St.A.Sch.)

Anfang des 16. Jahrhunderts wird in Schleswig die Reformation eingeführt. Der Dom St. Petri wird die einzige Pfarrkirche der Stadt. Die Mönche aus den beiden Klöstern am Rande der Altstadt werden vertrieben (Noodt II, 273). „Dat grawe Closter" wird „den rechten Hußarmen", „de Kerke . . der Stadt Schlesewigk to eynem Rathuse . . togewendet."[33]). Nur das St. Johanniskloster auf dem Holm wird in ein Stift für 8 adlige Damen umgewandelt; es liegt außerhalb der Stadtgemarkung und besitzt eigene Privilegien und Ländereien. Die Domkurien waren ganz in die Abhängigkeit vom Schloß geraten, außerdem wohnten die Domherren viel auf ihren ländlichen Besitzungen.

So bleibt der Gottorfer Hof die einzige Einnahmequelle der innersten Schleibucht. „Handel und Wandel ist nicht gar groß, obwohl die fürstliche Residenz so nah daran lieget; dann die Provisores oder Verleger derselben, wohnen mehrenteils in Hamburg. Die Wirtschafften und Handwercks seyndt schier die beste und

---
[33]) St. A. K. Urkunden V, 53.

gewisseste Nahrung an dem Orthe, insonderheit umb Gottorf herumb, alldieweil immerzu verschiedene Solicitanten sich daselbsten aufhalten." (Dankwerth 1652, S. 116). Diese Umstände machen es erklärlich, daß auch eingesessene Bürger Schleswigs die Stadt verließen, um sich in Lollfuß oder Friedrichsberg niederzulassen, wohin größere Verdienstmöglichkeiten und niedrigere Steuern lockten.

Zwei Klageschriften der Stadt, die zugleich die wirtschaftliche und geographische Gesamtsituation trefflich kennzeichnen, mögen die Entwicklung veranschaulichen. Beide Berichte liegen 70 Jahre auseinander und sprechen somit zugleich für den Erfolg, den die Anstrengungen der Stadt zeitigten.

Unter den „Gravamina" der Stadt Schleswig [34]) findet sich am 18. VIII. 1632 folgendes: „Lollfuß . . . welcher zwar unter den Pflügen des Amtes Gottorf nicht gerechnet, besondern in Neulichkeit allererst erwachsen und zugenommen, dessen Einwohnern sich ob so wohl wegen der Pflüge noch sonsten jemandes zu allgemeiner Landesbürde in geringsten nicht adsistieren, dennoch nicht gleich uns, besondern uns weit bevor sich aller angedeuteten commercien, bürgerlichen Handels und Nahrung Gastgebereyen, Wirtschaften, Braury, Backery, Kramery, Kauffen und Verkauffen freyest gebrauchen inmassen sich die fürstl. Dienern, so sonsten vorhin diese Stadt mit Kreften erhalten, nunmehr dahin häuslich setzen, und niederlassen und die daselbst wohnende Handwerkern dieser Stadt Amtern zum Vorfange, mit Amtsgerechtigkeit versehen werden, also, daß weilen selbige Unterthanen der Landesbeschwerung enthoben, und exoneriert und es ihnen wieder die Privilegien zugelassen. Wir aber als unter den Privilegien beschweret und unterdrücket, daher die bei uns noch gesessene Ursach und Anlaß nehmen, uns zu entweichen und ihnen hinaus zu folgen, durch welches verkehrtes Wesen die Stadt zuletzt desolata werden dürfte, indem alle Nahrung hieselbst krebsgängig und deren Untergang gleichsam für Augen schwebt."

Am 11. IV. 1701 liefert „Bürgemeister und Rath" der „Residenzstadt Schleswig" „wegen des von Friedrichsbergern und Lollfußer" gestellten „Gesuches gleicher Freiheit mit hiesigen Bürgern auf den öffentlichen Markttagen" folgenden Bericht [35]): „Es ist ja leyder genugsahm bekannt, was für großen schaden diese von uns separirte gemeinen der Stad gethan und thun, in dem sie an der großen passage aus Schleswig nach Holstein, auch zwischen uns und dem Schloße liegen, da sie dan außer dem habenden gewerbe, so die große passage bringen muß, nicht nur die nahrung, so hiesige Bürger hiebevor von hoffe gehabt, allmählich zu sich gebracht und bringen, sondern auch hiesige Bürger und Einwohner an sich gezogen, und besorglich mehr ziehen werden, indem die ausziehende sich dadurch von der auf der Stad haftenden Schuldenlast befreyen; wodurch dan die nahrung und anzahl der Menschen sich bey uns verlieret, die Schuldenlast aber immer größer und schwerer wird; . . . Wir liegen, sozusagen, in einem Winkel, und haben fast keine frye Zufuhr, als aus dem eintzigen Ländgen Angeln; hieraus wird uns zu markt gebracht, was wir wöchentlich bedürfen, und bringt der Landmann auch nicht mehr, als zu unserer Provision und zu unserer Bürgergewerbe nöhtig, kann auch nicht mehr fourniren, weile das größte theil nach Flensburg geht."

---

[34]) St. A. K. A XX, 2925.
[35]) St. A. K. A XX 2953.

Schärfer kann die Konkurrenz zwischen der alten Stadt und den neuen Residenzsiedlungen nicht betont und treffender die allgemein günstigere verkehrsgeographische Lage der jungen Gemeinden Lollfuß und Friedrichsberg (auch abgesehen von den Beziehungen zum Schloß) nicht charakterisiert werden. Um wenigstens aus der „Winkellage" herauszukommen und an der „passage zwischen Schleswig und Holstein" teilnehmen zu können, projektieren die Schleswiger: „daß by besagter unser Stadt Schleswig, wo es sich am besten schicket, eine beständige Brücke über den Schleystrohm geschlagen werden möchte ... und zu dem Behuf den Strom mit Dämmen zu versehen ... für beladene Frachtwagen, Bauernwagen mit zwei, vier oder sechs Pferden bespannt ... Person zu fuß"[36]. Der Plan, die 1,5 km breite Schlei zu überbrücken, nur um 400 Bürgerhäusern etwas von den Geschäftsmöglichkeiten zukommen zu lassen, die in auch nicht mehr als 1,5 km Entfernung der Tiefenweg am Rande der Schlei über den Gottorfer Damm vollkommen erfüllte, gleicht mehr dem Ruf eines Verzweifelten als einem ernsthaften Vorschlag.

β) Das Stadtfeld.

Außer ganz geringfügigen Erweiterungen am Gallberg und an der Schubystraße weist die „Stadt Schleswig" nur eine e i n z i g e neue Straße, „das Stadtfeld", nordöstlich von der Michaelisstraße am Rande der St. Jürgenstalaue auf (Karte 3). 1622 übertragen Laurenz und Christine Fedden den Vorstehern des Grauen Klosters „unser Haus und Kohlhoff auf dem Stadtfelde bey Norden dem neuen Kirchhofe zwischen Hans Decker und Niß Petersen belegen" gegen Entrichtung zweier „Proeven"[37]. Das graue Kloster, seit der Reformation in ein städtisches Armenhaus umgewandelt, verrät den sozialen Charakter dieses Stadtteils. Bestätigt wird diese Annahme durch ein herzogliches Reskript betreffs Abbrechung der Strohdächer. Die außerhalb des Schlagbaums und auf einer Seite des Polierteichs Wohnenden, wie auch der Holm, werden von der Verfügung ausgenommen „von wegen der Distanz und ihrer kundbaren Unvermögenheit halber."[38] Gleich der Friedrichsberger Soldatensiedlung entsteht das Stadtfeld, eine Häusergruppe „Unvermögender", auf den Moränenhöhen, abseits des Hauptverkehrsweges am Rande des Holzes.

γ) Innere Gliederung der „Stadt Schleswig".

Die Kämmereirechnungen von 1700 enthalten ein Brandschatzungsregister, in dem die von den sechs Quartieren der Stadt erlegten Zahlungssummen angegeben sind[39]. Diese Summen ergeben, dividiert durch die Häuseranzahl der betreffenden Quartiere, für jedes Quartier den Durchschnittswert seiner Bauten. Das dem Brandregister zeitlich am nächsten stehende Kataster der Stadt stammt aus dem Jahre 1712. Da es nicht auf die absoluten Werte, sondern nur auf die Verhältniszahlen der verschiedenen Quartiere zueinander ankommt, ist es trotz der

---

[36] St. A. K. A XX, 2968. 1701.
[37] St. A. K. Urkunden V. Nr. 118. Schleswig, 8. VIII. 1622.
[38] St. A. K. A XX 3323. 19. VII. 1667.
[39] St. A. Sch. Käm. 8. VI. 1700. — Die Quartierseinteilung der Stadt, die erst 1888 durch Numerierung der Häuser innerhalb der einzelnen Straßen abgelöst wurde, geht aus der Fig. 1 hervor.

dazwischen liegenden Zeitspanne von 12 Jahren für die Entnahme der Häuseranzahl brauchbar, zumal ein Vergleich mit dem Kataster von 1656 zeigt, daß sich das Zahlenverhältnis der Quartiere in der Zwischenzeit nicht geändert hat.

Quartier Nr.	Brandschatzregister von 1700	Anzahl der Häuser Kataster 1712	Relativer Durchschnittswert des Hauses
1	596 ℔ 20 β	89	6,6
2	584 „ 46 „	268	2,18
3	157,5 „	49	3,22
4	220 „	104	2,1
5	233 „	58	4,—
6	164,75 „	103	1,6

Leider entsprechen diese Zahlen, wie auch die Darstellung auf der Fig. 1 zeigt, nicht natürlichen Einheiten in siedlungsgeographischer Hinsicht. Immerhin ist dieser Nachteil so gering, daß die großen Züge der inneren Gliederung der Stadt klar und auffallend hervortreten. Sie stehen in Einklang mit den Nachrichten, die uns sonst von der Verteilung von Wohlhabenden und Minderbemittelten überliefert sind.

Die Gegend „zwischen den beiden porten" (vergl. S. 20: Urkunde von 1566) überragt mit dem Wert von 6,6 alle anderen. Es folgen innerhalb der Altstadt das Domviertel und die Nachbarschaft der alten Hauptverkehrsstraße. Weit zurück bleibt der Versicherungswert des Holm. Bei einer andern differenzierteren Quartiersaufteilung würde das „Stadtfeld" (s. oben) vielleicht dieselbe Stufe einnehmen; denn gerade das zweite Quartier umfaßt die heterogensten Bestandteile, da es mit einer Seite an das wirtschaftliche Zentrum (Gallberg — Langestr.) stößt, mit der anderen sich im Stadtfeld verliert.

Wichtig ist vor allem diese Feststellung, daß die 1566 bereits ausgesprochene Schwergewichtsverlagerung von der Altstadt in die Nyghenstat beibehalten ist. In der Versicherungshöhe der Gebäude tritt der „große Markt" der Altstadt zurück hinter dem breiten Straßenmarkt des unteren Gallbergs. Diese über die äußere Gestalt der Siedlung aussagende Tatsache ist die Folge eines Funktionswechsels und einer damit verbundenen Funktionsverlagerung. Schleswig ist aus einer Seehandelsstadt, die Wassernähe sucht, zur Marktstadt Südangels geworden. Am 28. XI. 1697 sieht sich Friedrich I. zu der Verordnung veranlaßt, daß die Waren, „nicht oben in Gallberg, Pferdemarkt, Michaelisstraße und Münchenbrücke, sondern auf dem großen ordinären Markt in unserer Residenzstadt Schleswig gebracht und verhandelt werden sollen." [40])

In der „Stadt Schleswig" künden die Jahreszahlen verschiedener Häuser ihren Bestand aus dem 16.—18. Jahrhundert. Sie gehören alle dem gleichen Typ an. Es sind hohe dreistöckige, aus Fachwerk aufgeführte Giebelhäuser (Abb. 9). Sie sind nur in den drei hoch versicherten Quartieren vorhanden (vergl. Karte 7 mit Fig. 1). Dieses hohe Giebelhaus war offenbar das bevorzugte Haus des besser begüterten Schleswiger Bürgers. Da fast alle, nicht im letzten Jahrhundert durch Massivbauten ersetzten Häuser der Langenstraße diesen Typ zeigen, ist anzu-

---

[40]) St. A. K. A XX, 2953. — Pferdemarkt hieß früher der breite marktartige Teil des Gallbergs.

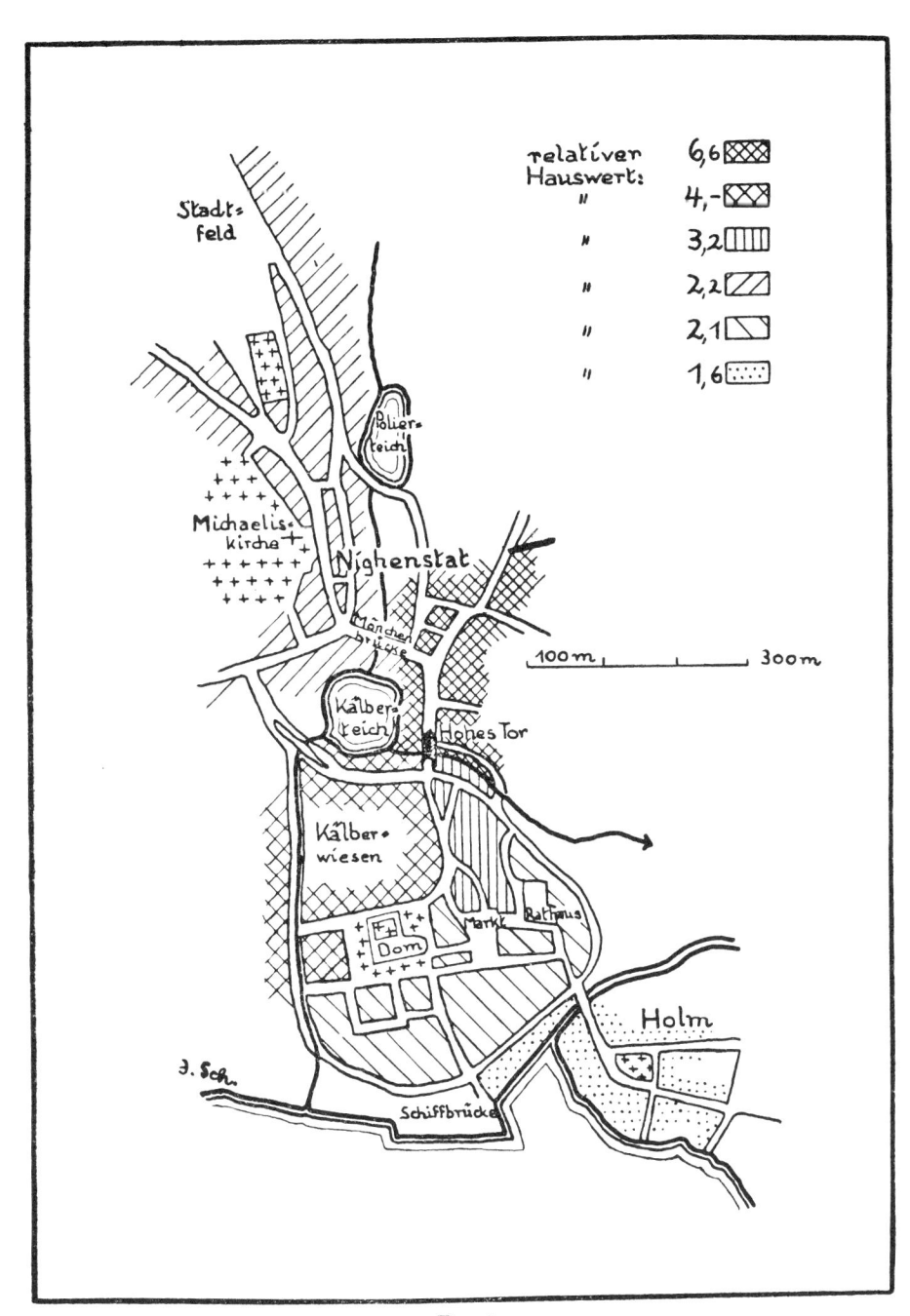

Fig. 1.
Gliederung der Stadt Schleswig
nach dem Brandschatzungsregister von 1700.
(St. A. Sch.: Kämmereirechnungen 8, VI. 1700)
Quartierseinteilung nach dem „Verzeichnis aller im Gemeindebezirk der Stadt Schleswig wohnenden Hauseigentümer unter gleichzeitiger Angabe der alten und der neuen Nummern der denselbigen gehörigen Häuser."

nehmen, daß dieses Giebelhaus wenigstens in der Hauptstraße bestandbildender auftrat als heute. Die Stadt Schleswig muß in der Zeit des 16.—18. Jahrhunderts einen viel geschlosseneren und einheitlicheren Eindruck gemacht haben als ihre Konkurrenzgemeinden Lollfuß und Friedrichsberg (Vergl. Abb. 8). Der Holm hat damals wahrscheinlich schon ein ähnliches Aussehen gehabt wie heute; ebenso der Domgrund.

δ) „Das Neufeld", eine städtische Fluraufteilung des 16. Jahrhunderts.

Nördlich der Häuser des Stadtfeldes war eine städtische Fluraufteilung entstanden, die vor der Verkoppelung in dem besprochenen Zeitraum des 16.—18. Jahrhunderts wahrscheinlich viel weniger im Landschaftsbild am Grenzsaum der Stadt auffiel als heute (Fig. 2).

In dem Braunen Ratsbuch findet sich 1556 die Notiz, daß der Rat mit Einwilligung der Bürgerschaft „Dath Nye felt . . Ingenamenn, metenn vnde delen lathen vnde Islichen Huse twe stucke ackers lathen toleggen, also vnde dergestaltt, dath keyn Borger tho synen thogedeledenn Acker van syneme Huse nicht vorkopen . . vorsetten, vorpanden . . schall . ." [41]

Diese Parzellierung städtischen Landbesitzes ist bezeichnend für die Gesamtsituation Schleswigs. Im Stadtrecht, das noch der Handelsphase entstammt, findet sich außer der Nutzung der Königswiese kein einziger Hinweis auf städtische Ländereien. Nun wo der Handel den Wasserweg der Schlei meidet, wenden die Bürger Schleswigs sich ihrer Feldflur zu, ohne daß sich eine wirkliche Umstellung zur Landwirtschaft vollzieht (Jeder Acker nur 0,2 ha!). Schleswig bleibt die Stadt der Gewerbetreibenden, wie sie uns in dem Ringen um die Einnahmequellen des Gottorfer Hofes bereits entgegengetreten ist. Die Neufelder Parzellen sind lediglich eine Nebenbeschäftigung, die sich in dieser Hinsicht mit den „Schrebergärten" vergleichen lassen. Wesen und Physiognomie nach sind beide weit zu trennen: das Neufeld ist eine A c k e r f l u r.

Für den Anfang des 19. Jahrh. überliefert der Nachlaß von Rosen: „Es liegt ein Teil des Landes uneingefriedigt, das Neufeld genannt, welches außer den der Stadt gehörigen 27 Aeckern, aus 187 Aeckern besteht, die z. T. noch zu den Häusern der Altstadt als Pertinenzstücke gehören." [42]

Noch heute hebt sich am Nordrand der Stadt das Neufeld scharf aus seiner Umgebung heraus. Der rasche Wechsel der gleichgerichteten, nur 6 m breiten, aber 335 m langen Ackerstreifen des uneingehegten Stadtfeldes steht in stärkstem Gegensatz zu den benachbarten großen arrondierten, von Knicks eingefaßten Koppeln.

d. S c h l o ß G o t t o r p a l s k u l t u r e l l e s Z e n t r u m.

Als wirtschaftlicher Mittelpunkt ließ Schloß Gottorf die Stadtteile Lollfuß und Friedrichsberg entstehen, doch darüber hinaus bestimmte es als wissenschaft-

---

[41] St. A. Sch. Handschriften Nr. 4. Das Braune Ratsbuch, Blatt XVI. 1556 Mandages nha Natuntati Marie.
[42] St. A. K. 400, 249.

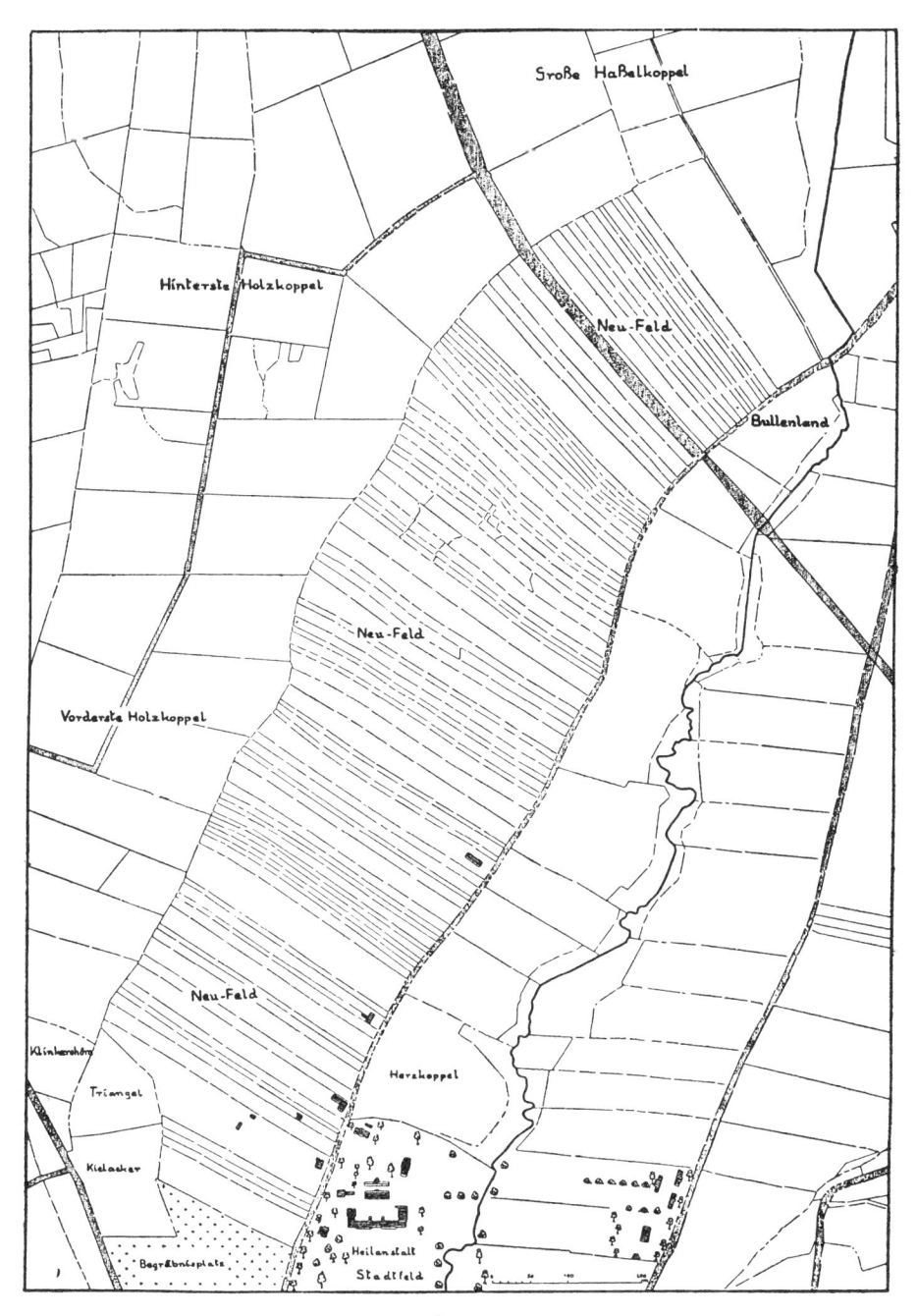

Fig. 2.

Das „Neufeld"
gezeichnet nach Flurkarten der Stadt Schleswig aus dem Jahr 1878.

liches und künstlerisches Ausstrahlungszentrum den geistigen Akzent im Charakter der Oberschleisiedlungen und ihrer Bevölkerungsphysiognomie.

Heute zeugen nur noch ganz wenige Spuren von der einstigen Pflege wissenschaftlicher und künstlerischer Interessen, vor allem das breit lagernde Schloß Gottorf selbst (Abb. 1). Abgesehen vom Schloß sind die spärlichen Reste des früher gehegten Kunstsinns: die schönen, z. T. sehr geschmackvollen Adelshöfe; die reich ausgestatteten Grabkammern des Doms und das „Neuwerk", der Rest des großen herzoglichen Parkes [43]). Das „Neuwerk" ist heute „Ein Tempelchen.. davor eine Kaskade zwischen Grottenwänden und großen steinernen Delphinen. Breite . . . Stufen führen auf beiden Seiten zum Tempelchen hinauf. Sie waren bestimmt, mit einem Blumenteppich das Wasser zu begleiten. Steinerne Vasen umgeben den Platz, und die ganze, kleine Anlage ist eingefaßt von hohen, alten Bäumen. Von dem Spiel des Wassers ist nur der dünne Strahl eines Springbrunnens aus dem vorigen Jahrhundert übrig geblieben: Ein Idyll, das kaum etwas ahnen läßt von dem Reichtum der alten Gottorfer Gärten." (Fuglsang 1931, S. 52).

Selbst ein Vergleich des von dem heutigen „neuen Werk" eingenommenen Raumes mit dem Grundriß, der uns aus dem Jahre 1712 erhalten ist (Abb. 6), dürfte kaum ausreichen, um sich den ursprünglichen „Reichtum" vorstellen zu können. Diesem Ziele etwas näher führt uns die Beschreibung des damaligen Hofmathematikers Olearius, die sich nur auf die kleine Signatur d in dem alten Grundriß (Abb. 6) bezieht und eine wahrheitsgetreuere Vorstellung von den Ausmaßen des auf dem Plan von 1712 Dargestellten vermittelt. Zugleich wirft diese Schilderung ein helles Schlaglicht auf die Pflege, die die Wissenschaft auf Gottorf erfuhr. Aus diesem zweifachen Grunde mag die angeführte Beschreibung des Olearius (1674) als e i n Beispiel für viele folgen. Es handelt sich um das in dem Lusthaus „d" untergebrachte Planetarium („Globus"), das 1654—64 unter der Aufsicht des Hofmathematikers verfertigt wurde, „ein in Europa noch nie gesehenes mathematisches Kunstwerk". „ . . . Der Globus ist von Kupfer, er stellet auswendig die Geographie des ganzen Erdkreises vor und von innen den Himmel mit allen bekannten Sternen. Inwendig im Globo an der Achse hängt ein runder Tisch, so mit einer Bank umgeben, auf welchem 10 Personen gemächlich sitzen und den Auf- und Untergang der Gestirne mit Lust sehen können. . . . Dieses Werk wird vom Wasser getrieben, aus einer nahe gelegenen Quelle, welche so stark fließet, daß es nach dem Himmelslauf seine Bewegung und Umgang in den gehörigen 24 Stunden haben kann. Woby sonderlich dies rare Kunstück zu finden ist, daß die Sonne nicht aus dem Centro der Erde, wie in anderen Globis, sondern aus ihrem eigenen Centrum in eigener Bewegung ihren täglichen Fortgang, jährliche Umwältzung mit der Himmels-Sonne gleich haben kann."

Außer diesem Globus barg das Schloß eine Sphaera Copernicana und viele andere astronomische Instrumente. Einen weiten Ruf hatte die Gottorfer Bibliothek, die der berühmten Wolfenbüttler gleichgeachtet wurde (Sach 1875, S. 319). Sie enthielt orientalische Handschriften, und lateinische und griechische aus den

---

[43]) Vergl. die Bilder in „Schleswig, aufgenommen von der Staatlichen Bildstelle". Deutscher Kunstverlag, Berlin 1931. S. 41—52: Schloß Gottorf; S. 57—58; 62—65: Adelshöfe; S. 32—36: Grabkammern des Doms; S. 52: Neuwerk.

Klöstern Cismar und Bordesholm. Von der „Kunstkammer", eigentlich ein naturwissenschaftliches-ethnographisches Museum, sagt Olearius, daß in ganz Deutschland keine ähnliche Sammlung gefunden werde.

Das chemische Laboratorium, zugleich das medizinische Forschungsinstitut [44]) des Herzogtums, in dem Chemiker und Aerzte arbeiteten, ging erst mit der Errichtung der Kieler Universität ein. Der Gottorfer Schloßgarten blieb der „hortus medicus" der neugegründeten Hochschule, bis der Kieler botanische Garten selbst soweit herangewachsen war. Diese Tatsachen müssen genügen, um Wesen und Funktion, die die Siedlungen an der Oberschlei im 16.—17. Jahrhundert erfüllten, zu beleuchten. Schleswig versah z. T. die Aufgaben, die mit der Gründung der Landesuniversität auf Kiel übergingen und darüber hinaus noch die, die eine dauernd in Wissenschaft und Kunst anregungsbedürftige Residenz von ihrer Umgebung fordert.

Ein Kreis von Gelehrten und Bibliothekaren benutzten und verwalteten das Laboratorium und die reichen Sammlungen. Die innenarchitektonischen und gartenkünstlerischen Anforderungen des Schlosses veranlaßten einige Maler und Künstler, hier ihren Wohnsitz zu wählen. Eine ständige Hofkapelle pflegte Kirchenmusik und Oper. Die Schleswiger Bürger nahmen an allen Bereicherungen des Schlosses direkt oder indirekt Anteil; zeitweilig wurden sie sogar durch ein Hoftheater verwöhnt. Die Unterhaltung des Schlosses, des Gartens und der übrigen Liebhabereien stellte wiederum erhöhte Anforderungen an den heimischen Handwerkerstand. So drückte das Schloß Gottorf der Bevölkerungsphysiognomie der Umgebung nicht nur durch die höhere Zahl von hohen Justiz- und Verwaltungsbeamten, Angestellten und Handwerkern sondern auch durch den Einfluß von Gelehrten und Künstlern seinen besonderen Stempel auf.

Die „kombinierte Stadt Schleswig"
(18. Jahrh. bis Jetztzeit).

a. Schleswig als Landstadt des 18.—19. Jahrhunderts.

Im ersten Viertel des 18. Jahrhunderts tritt eine entscheidende Wendung in der inneren und äußeren Gestaltung der städtischen Siedlungselemente an der innersten Schleibucht ein.

α) Die Vereinigung der verschiedenen städtischen Siedlungen an der innersten Schleibucht.

1711 schuf fürstlicher Machtspruch die „combinierte Stadt Schleswig": „Da vermöge der den 8. IV. ergangenen und publizierten Constitution, keine Handwerker und andere bürgerliche Nahrung, außer den Städten geduldet werden sollen, dennoch aber, da die Eingesessenen vom Lollfuß und Friedrichsberg, wie auch die auf dem Ziegelhofe wohnende Unterthanen unmöglich subsi-

---

[44]) St. A. K. A XX, 16. 7. 3. 1653; Befehl des Herzogs, zwei in Garding hingerichtete Verbrecher nach Gottorf zu bringen, weil „man sich daran im Laboratorium nützlich zu machen wisse."

stieren können, wann ihnen solches benommen werden sollte, alle vorgemeldte Gemeinen in ein Corpus und Stadt konjugieret . . ." [1])

1721 wird der Gottorfer Anteil von Schleswig mit dem Königreich Dänemark vereinigt. Schloß Gottorf hört auf, herzogliche Residenz zu sein. Damit fällt die letzte Sonderaufgabe der Stadtsiedlungen an der Oberschlei. Die ehemalige Konkurrenz ihrer Glieder wird von selbst illusorisch. Die „combinierte Stadt Schleswig" ist nur eine Landstadt. Daran kann auch kaum die Regentschaft des dänischen Statthalters (1768—1836) etwas ändern, obwohl sie von der Bürgerschaft der „in letzten Zügen liegenden Stadt" dankbar als Besserung empfunden wird.

β) Die Aufteilung der großen Adelshöfe und die Umwandlung des letzten „Schloßgrundes" in Wohngebiet.

1712 hatte die Stadt 1132 Wohnhäuser, 1831: 1237 [2]). Diese geringe Zunahme macht sich im Umfang der Stadt gar nicht bemerkbar, sie beruht vielmehr auf einer Auffüllung und Umgestaltung der vorhandenen Stadtteile. Für diesen Zeitraum ist die Aufteilung der großen Adelshöfe charakteristisch [3]). Oft werden 5—6 selbständige Hausgrundstücke abgetrennt, bei dem Günderothschen Hof im Friedrichsberg 12 (Fig. 3); im Maximalfall am Stadtweg sogar 19.

Das Straßen- und Stadtbild wird durch diesen Vorgang grundlegend verändert. Die großen, Garten erfüllten Siedlungslücken (s. S. 39) schrumpfen auf ein Minimum zusammen, die Straßenzeile wird geschlossen.

1765 wird auch der fürstliche Marstall verkauft und der Käufer verpflichtet, neue Häuser „zur Zierde der Gegend vor dem Schlosse" zu bauen [4]). Damit verschwindet das letzte „Zubehör" der herzoglichen Residenz. Es entsteht der mit geräumigen Bürgerhäusern besetzte Herrenstall (Karte 3). Mit Ausnahme des Gottorfer Damms wird so der schmale Streifen städtischen Wohngebiets (das sich jetzt in 6 km Länge um die Schleibucht dehnt) geschlossen.

γ) Stadtbild und wirtschaftliche Lage.

Den Eindruck der damaligen Stadt faßt Niemann (1799) zusammen: „Der Hof, die Kollegien, das ziemlich zahlreiche Militär würden auf die hiesige Lebensart einen merklichen und allgemeinen Einfluß äußern, wenn nicht auf der anderen Seite die Ausgedehntheit, bei geringer Bevölkerung und Gewerbsamkeit, und gewissermaßen die Ländlichkeit des Ortes die Wirkungen jener Umstände verminderten. Mit dem Gewühl, der Tätigkeit und Lebhaftigkeit und dem ganzen äußern Ansehen des benachbarten gewerb- und volkreichen Flensburgs ist der Kontrast auch dem Durchreisenden auffallend." (S. 701)

Alle Versuche, die wirtschaftliche Lage Schleswigs durch Unterstützung von Industrie und Handwerk zu bessern, schlagen gänzlich fehl. 1757—69 verliert die dänische Regierung folgende Summe, die sie „zur Emporbringung einiger hiesiger Fabriken" vorgeschossen hatte:

---

[1]) Corpus statutorum Slesvicensium. Bd. II S. 85. 7. IX. 1711.
[2]) Kataster im St. A. Sch.
[3]) St. A. Sch. Kataster 1822.
[4]) St. A. K. C XIII 4 Nr. 934.

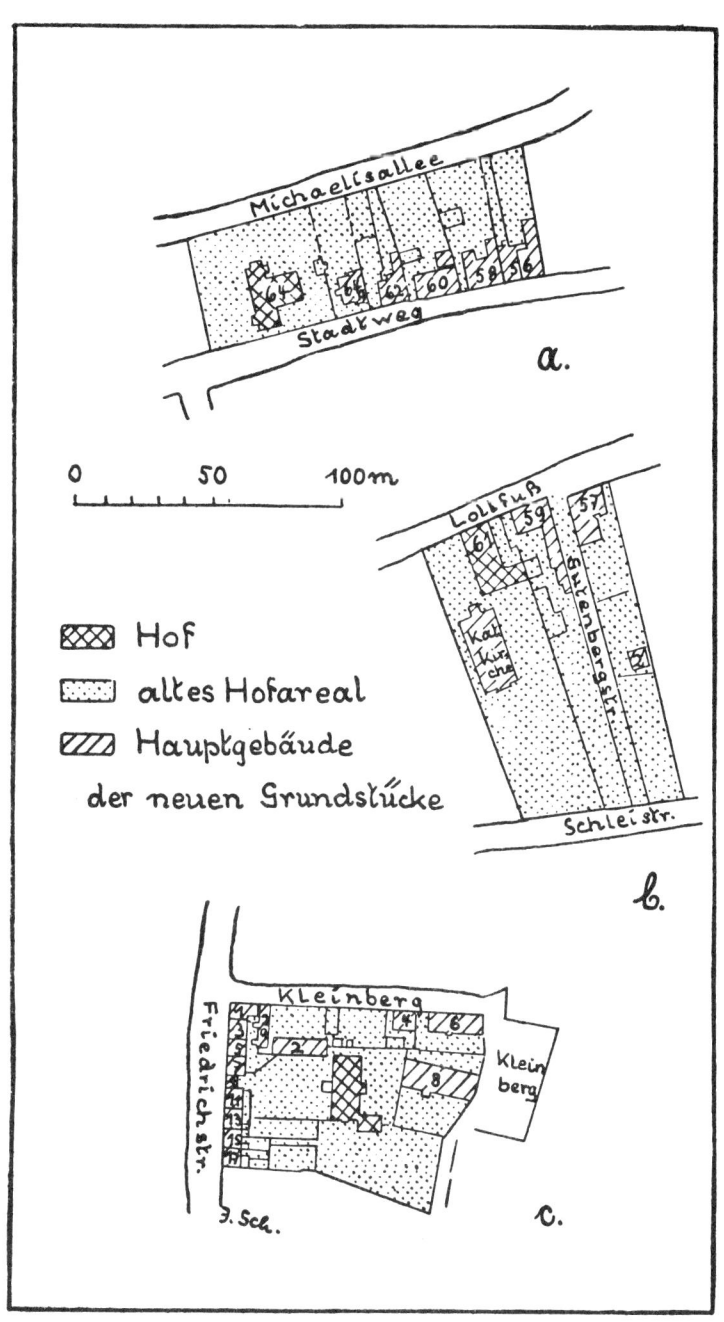

Fig. 3.
Drei Beispiele für die Aufteilung von „Höfen" im Anfang des 19. Jahrhunderts.
Nach dem Kataster von 1822 und dem Register zum Verzeichnis der alten Quartier- und der neuen Hausnummern von H. Heimann (St. A. Sch.).

1759—66 an e. Einwohner, der den Flachsbau bei Schleswig betreiben wollte	1682 Rthr 2 β
1757 bei einer Kammertuchfabrik	5682 Rthr 45 „
1764—65 an Prämien für die von Schleswig ausgesandten Schiffe zum Walfischfange	645 Rthr —
1764 bei dem Buchdrucker Holwein	33 Rthr 32 „
1765 bei einer Zwirnfabrik	1600 Rthr — „
1766 bei einer Fayencefabrik	800 Rthr — „
1769 bei einer Cattundruckerei	840 Rthr — „

(Staatsb. Mag. X. S. 626).

Aber eine andere Entwicklungsrichtung wurde damals angebahnt. Das Taubstummeninstitut siedelt 1810 von Kiel nach Schleswig über. Dank der Initiative eines Schleswiger Arztes wird die schleswig-holsteinische Irrenanstalt 1817 nicht in Kiel, wie vom Sanitätskollegium vorgeschlagen war, sondern in Schleswig erbaut (Rüppel 1872). Es war der Anfang von dem umfangreichen Heilanstaltenwesen, das heute Schleswiger Stadtgrund beansprucht (Karte 3).

b. Schleswig als Verwaltungszentrum der neuen preußischen Provinz (ab 1864).

α) Gründe der neuen städtebaulichen Entwicklung.

Ein Vergleich des modernen Stadtplanes mit dem von 1823 zeigt, daß die Stadt ihre seit 2 Jahrhunderten charakteristisch gewesene schmale Umrißform verloren hat. Die Siedlungsfläche hat sich verdoppelt. Die Gründe für eine neue städtebauliche Entwicklungsperiode Schleswigs liegen in dem Anschluß an Deutschland (1864), wie auch in dem sich im 19. Jahrhundert allgemein zeigenden Aufschwung der Städte.

Die seit der schleswig-holsteinischen Erhebung (1848) aller früheren Oberbehörden beraubte Stadt wurde jetzt wieder Verwaltungszentrum und Garnison. Schon 1864 erhielt die Regierung der neuen preußischen Provinz Schleswig-Holstein hier ihren Sitz. In den 70er Jahren folgten: Oberpräsidium, Landratsamt, Hauptsteueramt, Staatsarchiv, das 16. Husarenregiment und Infanteriebataillone des Regiments Nr. 84. 1870 wurde die Idiotenanstalt von Sonderburg nach Schleswig verlegt.

Gewerbliche Unternehmen konnten nach wie vor in Schleswig nicht Fuß fassen. Der Text der Verwaltungsberichte, der sich unter dem Titel „Kleingewerbe und Fabriken" über Jahrzehnte wiederholt, mag selbst sprechen: „Die hiesigen Gewerbetreibenden leiden sehr unter der auswärtigen Concurrenz, dem Großbetriebe, den Warenhäusern der Beamten und Offiziere. Handel, Industrie und Gewerbe haben sich hier nie einer sonderlichen Bedeutung erfreut. Es hängt dies mit der ganzen Entwicklungsgeschichte der Stadt zusammen, die von jeher den Charakter einer kleinen Residenz an sich trug, deren Seeverkehr durch ein ungenügendes Fahrwasser behindert, und die bei der Anlage von Eisenbahnen von der Staatsregierung Dänemarks geflissentlich unberücksichtigt gelassen wurde. Schleswig mußte im Wettbewerb mit andern Städten der Provinz zurückbleiben. Dieser Wettbewerb hat sein Ende erreicht, die wachsende Concurrenz sich aller

Gebiete bemächtigt. Zwischen Flensburg und Kiel und 5 Meilen von der Ostsee entfernt liegend, ist der Stadt Schleswig fast jede Aussicht genommen, mit Bezug auf Handel, Industrie und Gewerbe einen Platz erobern zu können." (1891—1906)

Bedeutung erlangt vor 1900 allein die 1840 gegründete Lederfabrik von Firjahn, das Gewerbe Schleswigs, das im alten Stadtrecht von 1200 unter pellifices und sutores auch am stärksten betont wird. Zu ihr gesellt sich nach 1900 eine weitere Lederfabrik, eine Tauwerkfabrik, Dachpappenfabrik, eine Großschlächterei und Meierei.

Einen Überblick über die Ausmaße der letzten Entwicklungsperiode der „combinierten Stadt Schleswig" gibt die folgende Tabelle:

Tabelle:

Entwicklung der Stadt Schleswig im letzten Jahrhundert.

Jahr	Besiedelte Fläche ha [1]	Anzahl der überwiegend für Wohnzwecke dienenden Gebäude [2]	Einwohnerzahlen rund [3]
1835[4]	—	1 218	11 000
1879	103	1 472	15 000
1894	116	1 654	17 000
1904	142	2 017	19 000
1914	173	2 341	20 000
1918	175	2 354	17 000
1931	207	2 766	19 000

Anmerkungen:
[1] Nach der Hauptübersicht des Bestandes der Liegenschaften aus der Katasterverwaltung Schleswig.
[2] Nach der Hauptübersicht des Bestandes an Gebäuden aus der Katasterverwaltung Schleswig.
Für [1] und [2] standen mir nur die Jahrgänge ab 1879 zur Verfügung.
[3] Nach der statistischen Übersicht über die kommunalen Verhältnisse der Städte und Flecken der Provinz Schleswig-Holstein.
[4] Die Angaben für das Jahr 1835 nach Schröders Topographie 1. Aufl. 1837, S. 231.

β) Eroberung der Moränehochfläche und Alluvialniederung.

(Vergl. Karte 2 mit Karte 3).

Bisher hatte sich alle Bebauung an die flachen diluvialen Schwellen der Fördenrinne gehalten, nur die Armleutesiedlungen des Stadtfeldes und der Friedrichsberger Soldatenrodung waren auf die Höhen hinaufgedrängt worden. Jetzt schauen Villen und Siedlungshäuser vom Erdbeerenberg auf die niedrigere Rodungssiedlung hinunter. Im Norden dehnt sich zu beiden Seiten des alten Fernverkehrsweges nach Schuby die Neustadt in flächenförmigem Wachstum über die Grundmoränen aus. Schubystraße und Hesterberg haben den Anschluß an die Hühnerhäuser gewonnen. Im Westen überwindet auf einem kurzen Dammstück die Flensburgerstraße die Tiefe des Burgseebeckens. Der Kleinziegelhof bleibt nicht mehr äußerster Stadtrand. Nördlich von ihm wagen sich Villenstraßen in die Tiefe. Domschule und Kreisbahnhof am Rande der Königswiesen sind auf Aufschüttungen in der Alluvialniederung errichtet.

In ihrer Stellung zu den morphologischen Typen der innersten Schleibucht unterscheidet sich also die städtebauliche Entwicklung Schleswigs seit 1870 grundlegend von allen früheren Entwicklungsphasen. Z w e i n e u e L a n d s c h a f t s e l e m e n t e w e r d e n i n g r o ß e m M a ß s t a b e e r o b e r t : d i e M o r ä n e n h o c h f l ä c h e u n d d i e A l l u v i a l n i e d e r u n g.

γ) Anlage und Einfluß der Eisenbahn auf die Entwicklung der Stadt.

1865 wurde die Bahnstrecke Rendsburg-Schleswig-Flensburg gebaut, von nun ab die „Vollbahn" der östlichen Provinz [5]). Die Anlage des Bahnhofs und der Geleise wurde mitbestimmend für die Entwicklungsrichtung der sich erweiternden Stadt.

Die Karte über die zum Freimaurerhospital in Schleswig gehörenden Ländereien aus dem Jahre 1835 [6]) veranschaulicht die vollkommene Umgestaltung, die die Bahnhofsgegend seitdem erfahren hat. Damals breiteten sich hier große unbesiedelte Flächen aus, die Ländereien des Hospitals. Der Karpfenteich (siehe auf Karte 2) war noch nicht verlandet. Zwischen ihm und dem nordöstlich steil ansteigenden Erdbeerenberg schlängelte sich ein „Feldweg" (die heutige Karpfenteichstraße) hindurch, zu dessen Seiten hin und wieder ein Häuschen stand. Heute lagert unmittelbar westlich des früheren Karpfenteichs das Empfangsgebäude des Hauptbahnhofs. Die erst mit dem Bahnhof entstandene breite Zugangsstraße zur Stadt (Bahnhofstraße) nutzt geschickt die Einsattelung zwischen Erdbeerenberg und den Kuppen der früheren Soldatensiedlung aus (vergl. Karte 4 u. Karte 9). Die Geleise der Bahn führen, auf der 10 m Isohypse den Erdbeerenberg umgehend, über den Gottorfer Damm und früheren Schleigrund hinweg zum Güter- und Kleinbahnhof auf den Königswiesen (Karte 3 und 2). Parallel mit dem Schienengleis und so auch mit dem nördlichen Fördensteilrand und dem einzigen alten Längsweg entsteht auf alluvialem Grund ein neuer Straßenzug (Schleistr.-Königstr.), der für die künftige Verkehrsgestaltung bedeutungsvoll wird. In seinem Verlauf durchbricht er den Domziegelhof an seinen beiden südlichen Ecken, dessen Schenkel nun zu Querwegen zwischen dem alten und neuen Längsweg werden. Auch neue Durchbrüche zwischen Diluvial- und Alluvialstraße übernehmen dieselbe Aufgabe (Karte 9).

---

[5]) Schon seit 1852 bestand eine in den Hauptzügen dem Ochsenweg folgende Längsbahn Schleswig-Holsteins. Sie verlief nicht von Rendsburg nach Schleswig, sondern mündete über Treia bei Ohrstedt 22 km westlich von Schleswig in die Querbahn Tönning — Flensburg (Hedrich S. 72). Der Bahnhof Schleswigs war Klosterkrug 5 km südlich der Stadt. Die Verbindung stellte eine Privatbahn, die Schleswig-Klosterkruger Zweigbahn, her.
[6]) St. A. Sch. Landmesser Henningsen.

C. Der heutige Raum der Stadt Schleswig.

Bei der Darstellung der „räumlichen Entwicklung Schleswigs" ist versucht worden, nicht nur analysierend die geschichtlichen und morphologischen Bedingungen im Wachstum der Oberschleisiedlungen aufzuzeigen, sondern zugleich synthetisch die Stadt aus ihren einzelnen Teilen zu der Siedlungseinheit aufzubauen, die sie h e u t e darstellt. Es wurde deshalb immer darauf verwiesen, welche kultur-morphologischen Formen sich bis zur Gegenwart erhalten haben, und wieweit sie abgeändert worden sind. Dieser methodische Weg schien für Schleswig besonders geraten, da nicht nur die Grundrißentwicklung eine Erklärung aus der Vergangenheit heischt, sondern auch viele physiognomische Einzelzüge der Stadt sich unmittelbar aus der Entstehung der betreffenden Stadtteile herleiten.

1. Kartographische Darstellung und die Auswertung der Pläne.

Dasselbe Ziel verfolgt die umfangreiche kartographische Darstellung der heutigen Stadt. Es sollen nicht nur die in systematischer Arbeitsweise gewonnenen Kulturformen in ihrer Verbreitung aufgezeigt, sondern d a r ü b e r h i n a u s auch die r ä u m l i c h e n „I n d i v i d u e n" innerhalb der Stadtlandschaft Schleswigs e r f a ß t werden. Es sind das Relief des Stadtuntergrundes in 1 m Schichtlinien (Karte 4), die Bevölkerungsdichte in der Punktmethode (Karte 5), Strassenbreite und Straßenverkehr (Karte 6) und schließlich das „Stadtbild" (Karte 7) auf einzelnen Karten zur Darstellung gekommen. Eine Kombination der Straßenkarte mit der der Isohypsen ergibt die Steigung der Straßen. Eine Vereinigung der Straßenkarte mit den auf der Stadtbildkarte gegebenen Stockwerkzahlen zeigt den Straßenquerschnitt oder das Straßenprofil und so auch mit Berücksichtigung der übrigen auf der Stadtbildkarte dargestellten Faktoren und dem Relief des Bodens: angenähert den wahren Charakter eines bestimmten Stadtteils. Ein Vergleich der Bevölkerungsdichte mit der siedlungsgeographischen Karte erlaubt Rückschlüsse auf die soziale Gliederung der Bevölkerung innerhalb der Stadt.

Da bei den stadtgeographischen Arbeiten, die bisher eine Karte des Siedlungsuntergrundes gebracht haben, diese Isohypsenkarten Plänen der Bau- oder Vermessungsämter oder anderen selbständigen Arbeiten entnommen wurden, habe ich Material und Anfertigung der von mir selbst hergestellten Höhenkurvenkarte des Schleswiger Stadtbodens (Karte 4) im Anhang (VI, S. 72) angegeben.

Eine ausführliche Besprechung verlangt auch die Entstehung der Karte des „Stadtbildes" oder der „Siedlungsgeographischen Gliederung" Schleswigs (Karte 7). Sie umfaßt gleichzeitig die Darstellung des Häuserwirtschaftszweckes, der Haustypen, der Stockwerkhöhe, des Baumaterials und der Durchgrünung der Stadt. Sie entstand im Maßstab 1 : 2000 als Deckblatt über einem Stadtplan des Bauamtes aus den Jahren 1922/23, den ich mit Hilfe von Gemarkungsplänen (1 : 500) des Katasteramtes auf den Stand von 1931 brachte. Diese siedlungsgeographische Karte ist die Auswertung einer Tabelle, die bei Begehung der Stadt durch Registrierung jedes einzelnen Hauses nach den genannten Gesichtspunkten gewonnen wurde.

Der Aufnahme liegt folgendes Einteilungsprinzip zugrunde: Nach dem Häuserwirtschaftszweck werden unterschieden:

1. öffentliche Gebäude
2. reine Wohnhäuser
3. Wohnhäuser mit Laden
4. Wohnhäuser mit gewerblichem Betrieb
5. Fabriken, die sich durch Schlote als solche kennzeichnen.

Die öffentlichen Gebäude sind in der Tabelle individuell verzeichnet.

Die Art der Notierung der Stockwerkzahl ergibt sich von selbst. Zu Wohnungen ausgebaute Dächer oder Kellerräume werden durch $^1/_2$ gekennzeichnet, wenn der Gesamteindruck des Hauses der der nächst niedrigeren Stufe war.

Bei den Bautypen wurden zwei große Gruppen unterschieden, die neuzeitlich wirkenden und die älteren[1]). Zu diesen wurden „Höfe", Giebelhäuser und Traufenhäuser mit herabgezogenem Dach gerechnet. Zu den neuzeitlichen Formen gehören die modernen Siedlungen, Villen, villenartige, in offener Bebauung ausgeführte Miethäuser und die in geschlossener Bebauung stehenden Etagenhäuser. Die Etagenhäuser umfassen hinsichtlich der Größe die verschiedensten Bauelemente: große 3—4 stöckige Kastenhäuser, die aber in Schleswig sehr selten sind, und kleine 2 stöckige, oft ganz schmucklose Häuschen, die sich von den kleinen Traufenhäusern nur durch die geringere Neigung ihres Daches unterscheiden. In diesem Punkte war mir die Abgrenzung nicht ganz streng möglich; manchmal ist es Gefühlssache, ob das Haus als ein „Traufenhaus" oder ein „Etagenhaus" zu bezeichnen ist.

Große Sorgfalt wurde auf die Ermittelung des Baumaterials gelegt. Die Unterscheidung, ob es sich um ein massives Backstein- oder um ein Fachwerkhaus handelt, ist nicht so leicht wie im benachbarten Rendsburg, wo noch viele Häuser die Ziegelmusterung zwischen dem Balkenwerk zeigen. In Schleswig sind bis auf ganz wenige Ausnahmen alle Häuser gleichmäßig verputzt. Eine aufmerksamere Betrachtung läßt zwar bald das überraschende Ergebnis der Karte ahnen. Verschiedene Merkmale verraten das Fachwerk: enge Bauwische, holzverkleidete Giebel, große Deckenbalken in offenen Torwegen, Läden, Schaufenstern und Hausfluren, manchmal sogar der frische Verputz, unter dem sich durch die größere Feuchtigkeitsaufsaugung das Balkenwerk deutlich abzeichnet. Die durch Begehung gewonnenen Ergebnisse über das Baumaterial sind mit den katasteramtlichen Veranlagungsbogen für die Hauszinssteuer verglichen und berichtigt worden.

Ein kleiner Ausschnitt aus der Tabelle mag die praktische Durchführung dieser Stadtbildaufnahme zeigen:

---

[1]) Die zeitliche Grenze ist etwa um 1870 zu setzen.

Schubystraße:

(Der Straßenname fehlt, da b e i d e Seiten der Straße
n e b e n einander auf dem Block registriert sind.)

Nr.	Ku.	Wo.	La.	Ha.	Zahl	Typ	Mat.	Ga	A+B	Bemerkungen
2	+				2	E	B+F			
4	Friedrich Bardenfleth Stift				1	T	B+F			
4a	+				1+	T+G	B+F			
6	+				1+	T+G	B			
8	+				1	T	B+F			
10	+	+	+		2	E	B			
12	+	+	+		3+	E	B			
14	+	+			3	E	B			Zum wilden Mann
16	+				1+	E	B			
16a	+				1+	E	B			
16b	+				2	E	B			
16c	+				2	E	B			
18	+				1	T	B+F			
20	+				1	T	B+F			
22	+				1+	G	B			
24	+				1	G	F			

Nr	Hausnummer	Zahl: für Stockwerke		B Backstein
Ku	Kulturorgan	Typ: T Traufenhaus		F Fachwerk
Wo	Wohnnutzung	T+G mit Mansarde		Ga Garten
La	Ladennutzung	G Giebelhaus		A Auslucht
Ha	Handwerk	E Etagenhaus		B Beischlag

Es sind nur die Wohnhäuser berücksichtigt worden. Sie bestimmen die Front der Straßen und damit das Stadtbild.

Maßgebend für das Einteilungsprinzip waren aus der individuellen Erscheinungsform Schleswigs selbst hergeleitete Gesichtspunkte. Bei der ausgesprochenen „Verwaltungsstadt" war es natürlich, die öffentlichen Organe besonders herauszuheben. Daß sie auf der Karte, mit Ausnahme der für Kulturzwecke benutzten „Höfe", nicht unter das für die Wohnhäuser angewandte Haustypenschema eingeordnet sind, ist aus ihrem Bautyp selbst gerechtfertigt. Sie stellen neben den kleinstädtischen Wohnungen in Stil und Ausdehnung einen eigenen Typ dar. Mit Ausnahme der schon genannten Höfe, einigen Armen- und Altershäusern, dem Rathaus und Schloß Gottorf sind sie alle erst nach 1870 aufgeführt.

In noch größerem Maße als für die Verwaltungsorgane gilt das eben Gesagte für die Heilanstalten und rechtfertigt ihre kartographische Behandlung, die sie deutlich von der Wohnstadt Schleswig abhebt.

Außer der großen Zweiteilung in ältere und neuzeitliche Typen eine Gliederung der Wohnhäuser nach Bauperioden durchzuführen, wie sie Hassinger und Doerries [2]) vorschlagen, erschien unzweckmäßig, weil, wie früher schon erläutert wurde, viele Kleinbürgerhäuser Schleswigs so rückgebildet sind, daß eine derartige Einteilung nicht nur schwer sein dürfte, sondern sogar die für Schleswig charakteristische Physiognomie nicht erfassen würde. Außerdem käme bei einer kunstgeographischen Gliederung der Stadt Schleswig Hausform, Baumaterial und

---
[2]) Hassinger, H. Kunsthistorischer Plan der Stadt Wien. Wien 1916.
Dörries, H. Die Städte im oberen Leinetal. Göttingen 1925.

Stockwerkhöhe nicht gleichzeitig zum Ausdruck. Den Beweis liefert die Karte selbst (Karte 7). Die einzige Hausform, bei der eine Übereinstimmung in der Stockwerkzahl (2 Stockwerke) weitgehend zutrifft (nicht im Baumaterial!), sind die breitlagernden Höfe, bei denen die Stockwerkstriche zu gunsten ihrer Typensignatur fortgelassen sind, um sie so auch auf der Karte, entsprechend ihrem tatsächlichen Eindruck im Stadtbild, zur Wirkung zu bringen.

Charakteristisch für die alten Teile Schleswigs sind Fachwerkbauten mit massiver Vorderfront. Auf dem Original sind sie durch die Verschiedenfarbigkeit der Basisstriche und Typensignatur gekennzeichnet. Im Schwarz-Weiß-Druck unterscheiden sie sich nicht von den „Ganzfachwerkhäusern". Diese Zuordnung ist nicht nur durch das Zahlenverhältnis des Baumaterials im einzelnen Hause (circa $3/4$ Fachwerk, $1/4$ massiv) sondern vor allem durch den Haustyp der besprochenen Häuser (Bauwische, Holzgiebel u. a.) gerechtfertigt; zumal die Schleswiger Ganzfachwerkhäuser auch glatte verputzte Fassaden zeigen. Die eben geschilderte differenziertere Darstellung der fünffarbigen Urkarte gegenüber der Schwarz-Weiß-Darstellung ist aber auch der einzige inhaltliche Unterschied des Drucks gegenüber dem Original.

Die Veranschaulichung von Baumaterial, Stockwerkhöhe, Haustypen, Häuserwirtschaftszweck und Durchgrünung der Stadt auf einer einzigen einfarbigen Karte ist möglich geworden durch Wiederaufnahme eines Kartenmischtypus von Grund- und Aufriß, der seit den ältesten Stadtdarstellungen bei den verschiedensten Völkern der Erde benutzt worden ist. Für die frühesten Stadtpläne Schleswigs bis zur ersten Aufrißzeichnung (1673—1761) hin wurde dieses Prinzip verwandt. Das, was meinen siedlungsgeographischen Plan von diesen alten Mischtypen unterscheidet, ist, daß er weder (1) eine genaue Wiedergabe der Wirklichkeit versucht, wie es z. B. einzelne Meriansche Stadtbilder weitgehend tun, (eine Aufgabe, die heute die Photographie erfüllt,) noch (2) so schematisch verfährt, wie die Dankwerthschen Karten oder die modernen Pharuspläne, die nur die dominierenden Bauten aus der im übrigen gleichförmigen Siedlungszeichnung herausheben.

Die Lösung der Aufgabe, den Raum der Stadt nach den genannten siedlungsgeographischen Gesichtspunkten bis ins kleinste zu durchgliedern, ist in den bisherigen wissenschaftlichen stadtgeographischen Arbeiten nur auf reinen Grundrißplänen versucht worden [3]). Da die Grundrißzeichnungen nur für Ausfüllung mit beliebiger Schraffur und Farben Freiheit lassen, hatte dies zur Folge, daß zur Darstellung aller der genannten siedlungsgeographischen Faktoren zwei bis vier Karten notwendig wurden. Die Darstellung des Stadtbildes auf mehreren Karten erschwert jedoch die Erfassung der einzelnen Straßenbilder in ihrer landschaftlichen Individualität und damit auch in ihrer Reihenfolge und Ergänzung zueinander.

---

[3]) Hanslik, E. Biala, eine deutsche Stadt in Galizien. Leipzig 1909.
Hassinger, H. Kunsthistorischer Plan der Stadt Wien. Wien 1916.
Geisler, W. Danzig. Halle 1918.
Dörries, H. Die Städte im oberen Leinetal. Göttingen 1925.
Vosseler, P. Der Aargauer Jura. Aarau 1928.
Krüger, H. Höxter und Corvey. Münster i. W. 1931.

Das Ziel ist aber gerade, das „Stadtbild", den „Aufriß", d. h. die Fassaden und so die Landschaft der Straßen mit Hilfe strenger Durchgliederung nach verschiedenen Gesichtspunkten möglichst allseitig zu erfassen. Diesem Ziel kommt eine Methode näher, die das Material der die Fassaden der Straßen gestaltenden Faktoren auf e i n e Karte bringt, zumal wenn sie den Grundriß der Straßen als Leitlinien bestehen läßt und nur die Feinaufteilung der Grundstücke im Innern der Baublöcke nicht wiedergibt. Diese Feinaufteilung ist, soweit sie das Straßenbild beeinflußt, bis zu einem gewissen Grade in der Darstellung der Haustypen mit enthalten [4]). Zur Ergänzung gehören außer den Photographien die großmaßstäbigen Kärtchen der Grundrißtypen der Stadt (Karte 8) und die Straßenbreitenkarte (Karte 6), die aus genauen Ablesungen mit Hilfe eines gleitenden Maßstabes aus den Katasteratlanten gewonnen wurde.

Außer der Erfassung der einzelnen Landschaftsindividuen innerhalb der Stadt dient die siedlungsgeographische Karte dadurch, daß sie bis auf die einzelnen Häuser zurückgeht, auch dem Zweck, die Verbreitung einzelner kulturmorphologischer Formen im Stadtgebiet zu zeigen. Der Forderung entsprechend, daß Inhalt von Karte und Text sich ergänzen und sich nicht wiederholen sollen, erspare ich mir eine aufzählende Schilderung der Verbreitung einzelner Siedlungselemente, wie es sich z. B. landschaftskundliche und physiognomische Methode zur Aufgabe machen, soweit bei dem unendlich viel mühevolleren Weg der Kartierung der letzten Einheiten einer Stadtlandschaft überhaupt von „Ersparnis" gesprochen werden kann.

Ich wählte diesen langwierigeren Weg, weil er am sichersten die Gewähr einer objektiven Darstellung gibt und allein eine zuverlässige Unterlage für eine vergleichende Stadtlandschaftskunde bietet.

2. Physiognomie und Physiologie verschiedener Stadtteile.

Bereits die Stadt Schleswig selbst verlockt zu einer vergleichenden Betrachtung ihrer verschiedenen Räume. Da sie aus einer Gruppe von Siedlungen zusammengeschmolzen ist, die z. T. ganz unabhängig voneinander entstanden sind, — nicht nur in verschiedenen Zeiten, sondern auch unter wechselnden wirtschaftlichen und morphologischen Bedingungen, — ist eine Mannigfaltigkeit von Siedlungstypen in Schleswig vereinigt, die einen Vergleich lohnen.

Für die Nighenstat und die Residenzgemeinden Gottorfs ist eine schnelle und starke Veränderung in den Straßenbreiten charakteristisch. Die Straßenmärkte der Friedrichsstraße und des Gallberg treten auf der Karte 6 deutlich hervor. Im Verlauf der Entwicklung Schleswigs ist also ein Wechsel von regelmäßiger Planung (Altstadt mit großem Markt) zu gewachsenen Straßenformen, und wieder zurück zur planmäßigen Anlage zu verfolgen. (Die städtebauliche Entwicklung der Neuzeit wird von der Stadt überwacht.) Diese Feststellung ist deshalb besonders interessant, weil Dörries in seiner Untersuchung über die niedersäch-

---

[4]) Z. B. zeigen Siedlungen, Villen und villenähnliche Häuser offene Bebauung im Gegensatz zu den geschlossenen Zeilen der anderen Typen. Hier ist ein schmaler Bauwisch nur mit Fachwerkkonstruktion verbunden.

sische Stadt [5]) zu einem anderen Ergebnis gekommen ist. Die städtischen Siedlungsformen Niedersachsens weisen eine Fortbildung vom dorfähnlichen, unregelmäßigen Grundriß über den Straßenmarkt und Marktplatz zum planvollen Rechtecksystem auf. „Ganz deutlich zeigen sich die sogenannten Marktplätze als jüngere Anlagen . . ." (S. 51). Eine bestimmte Form läßt sich „unschwer als Straßenmarkt und damit als ältere Marktstätte nachweisen" (S. 51). Im Schleswiger Siedlungskomplex liegen die Verhältnisse anders, wie auch die ausführlichen Ortsanalysen bei der Darstellung der „räumlichen Entwicklung" der Stadt gezeigt haben. Außerdem ließ sich der Standortswechsel des Schleswiger Wochenmarktes vom großen Marktplatz zum Gallberg im Laufe des 16.—17. Jahrhunderts sehr gut verfolgen. (Vergl. S. 44). Dieses abweichende Verhalten in dem Schleswiger und niedersächsischen Siedlungsraum läßt sich nicht durch die besonderen morphologischen Bedingungen des Fördenreliefs begründen; denn die Bodenplastik der Altstadtschwelle erlaubte j e d e Plangestaltung. Die historischen Bedingungen in der Entstehung dieser alten Stadt verlieren sich im Dunkeln, wie ausführlich gezeigt wurde.

Ausgesprochen dorfähnliche Grundrißtypen finden wir nur im Gebiet der Hühnerhäuser (Karte 8 f) und in der Friedrichsberger Soldatensiedlung (Karte 8 h und Abb. 14), Teilen, die unabhängig von vorhandenen Wegen und auch unabhängig von den damaligen städtischen Siedlungsformen entstanden. Erst durch die Ausdehnung der Stadt sind sie in diese mit hineinbezogen worden und zeigen infolge der Durchschneidung mit neuen Stadtstraßen die eigentümliche Physiognomie der Überfremdung, die bei den Hühnerhäusern, dem Schnittpunkt zweier wichtiger Verkehrsstraßen, ungleich größer ist (Karte 6) als in der Friedrichsberger Siedlung, durch die nur die neuen Zufahrtswege zum Personenbahnhof hindurchführen. Das Luftbild (Abb. 14) zeigt die großen Flächen, die hier die Gärten im Vergleich zu den Wohnhäusern einnehmen. Die Bewohner sind größtenteils Arbeiter.

Auch sonst haben die vom innerstädtischen Verkehr abgeschiedenen alten Stadtteile ihre individuelle Physiognomie am besten bewahrt. Ein merkwürdiger Reiz liegt über der kleinen Fischersiedlung des Holm, deren Häuser sich eng um ihren Friedhof scharen. Sie sind meistens aus Fachwerk, haben Auslucten und geteilte Klöntüren, an denen die Fischer oft in Gruppen zusammenstehen. Wenn irgendwo in Schleswig die Bevölkerung die Physiognomie der Stadt mitbestimmen hilft, so ist es hier. Die um das Gatter des Friedhofs führende Straße ist der Tummelplatz der Kinder. Ganz schmale Gänge führen zur Schlei hinunter (Karte 8 a). Die Holmer Fischerzunft umfaßt ungefähr 100 Mitglieder. 1906 ernährte sie noch 313 Köpfe. Heute stellt der Holm die meisten Wohlfahrtsarbeiter.

Die Altstadt, die in der letzten Entwicklungsphase (Ende des 19. Jahrh.) grundlegende Veränderungen in ihrem Aussehen erfuhr, zeigt dennoch die Gliederung, die sie von jeher gehabt hat. Der Dom erhielt bei einer durchgreifenden Restauration seine heutige Gestalt, vor allem den Turm. Die Langestraße verlor das „Hohe Tor", den Hauptausgang der Altstadt, und mit ihm auch einige Giebelhäuser, die leichte Vorkragungen zeigten. Im Westen der „civitas" wurden der

---

[5]) Dörries, Entstehung und Formenbildung der niedersächsischen Stadt, Stuttgart 1929.

Kälberteich und der Befestigungsgraben zugeschüttet. Aber immer noch tritt die große Zweiteilung in die westliche Domstadt mit ihren breitlagernden Kurien und die östliche Marktstadt mit ihren schmalen, dicht aneinander gedrängten Häusern klar hervor (vergl. Karte 8 b, 8 c und 7). Ebenso deutlich zeigt sich noch heute in der östlichen Altstadt die seit dem 16. Jahrhundert bestehende soziale Gliederung. In der Langenstraße, der einzigen Zufahrtsstraße der damaligen Zeit, wohnen die Wohlhabenderen, während die Töpferstraße im S.W. eine Arbeiterstraße ist. Ein Vergleich der Bilder Abb. 9 und Abb. 10 veranschaulicht, wie sich diese soziale Gliederung in den Haustypen ausprägt. Der Markt fällt durch die geringe Zahl der Läden auf. Von seinen 22 Privathäusern haben nur 6 Läden und 2 Gaststätten; die übrigen ($^2/_3$) sind reine Wohngebäude. Diesem Befund entspricht auch der geringe Verkehr in den Straßen der Altstadt gegenüber dem des Lollfuß und Stadtwegs. Die Altstadt ist heute typischer Randstadtteil und in erster Linie Durchgangsstraße für die Bevölkerung des Holms, die Beamten des Rathauses, Bauamts, Katasteramts usw. und die Arbeiter, die von Fabriken und Bauplätzen kommend ihren Wohnungen in Altstadt und Holm oder dem Arbeitsvermittlungsamt zustreben. Auffallend ist so das periodische Anschwellen im Verkehr der Altstadtstraßen zu Beginn und Ende der Arbeitszeiten und der überwiegende männliche Anteil im Verkehrsbild gegenüber den Laden- und den meisten anderen Wohnstraßen Schleswigs.

Die Entwicklung, die bereits im 16. Jahrhundert angebahnt wurde (s. S. 44), findet ihren sinnfälligsten Ausdruck an Wochenmarkttagen. Dann drängen sich auf dem kleinen Kornmarkt und in der engen Michaelisstraße Käufer und Verkäufer an den Ständen vorbei; auf dem unteren Gallberg wird Vieh verkauft. Komplizierte Verkehrsumleitungen sind nötig. Die nur 4 m breite Mönchenbrückstraße wird zur Einbahnstraße, die Michaelisstraße bis zum Stadtfeld ganz gesperrt. Hat man sich durch dieses Gewühl hindurchgewunden, dann gibt es keinen größeren Gegensatz, als in 5—10 Min. auf dem „großen Markt" zu stehen, auf dem zu dieser Zeit oft weit und breit kein Mensch zu sehen ist. Das Umkehren der Straßenbahn ist dann seine einzige Belebung. Nur im Winter, zur Zeit des Dommarkts, erfüllt er seine alte Aufgabe. Der Dommarkt war im Mittelalter der berühmteste Markt Schleswig-Holsteins. Heute gleicht er einem Jahrmarkt.

Abgesehen vom Wochenmarktbetrieb stellt der ganze Straßenzug Stadtweg-Lollfuß- (und jenseits des großen Gottorfer Damms) Friedrichstraße bis etwa zur Mansteinstraße das Geschäftszentrum für die Schleswiger Bürger dar. In diesem lebhaftesten Stadtteil durchdringen sich auch am stärksten die verschiedenen Baustile. Alle Hausformen, die Schleswig überhaupt hat, kommen — abgesehen vom „Siedlungs"typ — hier vor, sogar vereinzelte Villen (Karte 7). Zu der in ihrer Lebhaftigkeit gleichförmigen Physiognomie der Hauptstraße steht der dauernde Wechsel der Charaktere der benachbarten Stadtteile, in die einmündende Straßen Einblick gewähren, in auffallendem Gegensatz. Auf den altertümlichen Kleinberg folgen die neuzeitlichen Häuser des Alten Gartens. Mit der Ärmlichkeit des Hesterbergs kontrastiert die wohlhabende Großzügigkeit der modernen Moltke- und Bismarckstraße. Zwischen die in geräumigen Gärten liegenden Villen der Schlei- und Königstraße ist der eng verbaute, nicht einmal einen „Hof" aufweisende Domziegelhof eingeschaltet. Dies Durcheinander in den flachen Teilen Schleswigs, das sich, wie die Darstellung der „räumlichen Entwicklung" gezeigt hat, aus der innigen Durchdringung von diluvialen und alluvialen Bestandteilen des Stadtuntergrundes und aus geschichtlichen Ursachen erklärt, ist der erste landschaftliche Eindruck, den ein schneller Gang durch die Stadt vermittelt.

Alle Verbauung aus der Zeit vor 1870 ist an die diluvialen Schwellen gebunden. Die neuzeitlichen Siedlungsformen nehmen außer den alluvialen Böden auch die diluvialen Gebiete ein, die der städtischen Ausbreitung früher durch ihre Nutzung als „Schloßgrund", wie z. B. „Herrenstall" und „Alter Garten", entzogen waren (Karte 3). Während in früheren Zeiten die Feuchtlage aus Rücksicht auf den Baugrund gemieden wurde, ergab sich die Scheu vor der Höhenlage aus wirtschaftlichen Gesichtspunkten. Nur die Armleutesiedlungen nahmen die Höhenlage ein; Handel und Gewerbe suchten die Verkehrswege. Das bürgerliche Wohnhaus der Neuzeit hat sich also im Gegensatz zum alten von jeglicher Gebundenheit an bestimmte morphologische Formen der Schleirinne befreit.

In der Situation der Kaufleute und Handwerker der früheren Jahrhunderte befinden sich heute die wenigen Fabriken Schleswigs. Sie sind alle, in der bequemen Tiefenlage bleibend, am Rande zwischen Diluvium und Alluvium aufgebaut worden. Die Gasanstalt und Dachpappenfabrik im Friedrichsberg, das Elektrizitätswerk, die Firjahnsche Lederfabrik und die Großschlachterei unterhalb Lollfuß und Stadtweg, das Wasserwerk und die Lederfabrik von Knecht und Wördemann am Rande des Gallbergs. Bis auf die ersten beiden sind sie alle auf dem Luftbild (Abb. 2) zu sehen, das die Streu der hohen Schornsteine über den ganzen Alluvialrand hin sehr gut verdeutlicht.

Im Gegensatz zu den Fabriken durchsetzen die öffentlichen Organe alle Stadtteile und zeigen sich als Gesamtheit gänzlich unabhängig von Rücksichten auf die Verkehrslage oder auf die durch die Förde gegebenen Landschaftsformen. Viel zu massig liegt das Regierungsgebäude südlich des Burgsees, die Wirkung des Schloß Gottorfs stark beeinträchtigend. Im Norden erhebt sich in kurzem Abstand vom Fördensteilrand eine stattliche Reihe öffentlicher Monumentalbauten: die Lornsenschule, das städtische Krankenhaus, die Wilhelminenschule, das Lehrerinnenseminar, das Feierabendhaus für Lehrerinnen und der mächtige Komplex der Taubstummenanstalt. Hinter ihnen liegen die drei großen Kasernengebäude der Moltkestraße und das landwirtschaftliche Seminar mit Turnhalle. Des Vorrückens öffentlicher Gebäude in die Alluvialniederung wurde schon gedacht. Auf den eng besiedelten, flachen Schwellen, die keinen Raum für neue Verbauung hergaben, dienen außer dem Rathaus die alten Domkurien und Höfe des Gallbergs, Lollfuß' und Friedrichsbergs öffentlichen Zwecken.

3. Die Gliederung der Bevölkerung.

Außer in der baulichen Eigenart und dem im allgemeinen ruhigen Verkehr der Straßen kommt der Charakter Schleswigs als Verwaltungs- und Beamtenstadt in dem Aufbau seiner Bevölkerung zum Ausdruck.

Tabelle:

Gliederung der Bevölkerung Schleswigs nach Wirtschaftszweigen.

Nach der Berufszählung von 1925.
Statistik des Deutschen Reichs 404, 13.

	Erwerbs= tätige	Erwerbs= tätige Angehörige
A. Land= und Forstwirtschaft Fischerei	343	707
B. Industrie und Handwerk	2 282	5 063
C. Handel und Verkehr	1 751	3 861
D. Verwaltung, Heerwesen, Kirche, freie Berufe	1 177	2 561
E. Gesundheitswesen, hygienische Gewerbe, Wohlfahrtspflege	648	1 234
F. Häusliche Dienste, Erwerbstätigkeit	803	964
G. Ohne Beruf und Berufsangabe	3 217	4 061
Insgesamt:	10 221	18 451

Die Bevölkerungstabelle vermittelt einen reinen Eindruck von den Aufgaben, d. h. der Physiologie der Stadt, da die Bevölkerung Schleswigs ein in sich ruhendes Ganzes darstellt, das weder Menschen an auswärtige Arbeitsstätten abgibt, noch Tagesarbeiter von Wohnstätten außerhalb des eigenen Siedlungsraumes empfängt. Der ausgesprochene Charakter Schleswigs als Verwaltungsstadt und Sitz der verschiedenen Heilanstalten tritt im Vergleich mit anderen Städten noch mehr hervor. Es ist Flensburg gewählt worden. Zum leichteren Vergleich sind die Angaben des statistischen Reichsamtes in Prozentzahlen der Gesamtbevölkerung umgerechnet.

Tabelle:

Verteilung der Bevölkerung Schleswigs und Flensburgs auf die Wirtschaftszweige.

Es leben von der Gesamtbevölkerung von:	Schleswigs %	Flensburgs %
A. Land= und Forstwirtschaft, Fischerei	3,8	2,4
B. Industrie und Handwerk	27,4	37,2
C. Handel und Verkehr	20,9	30,2
D. Verwaltung, Heerwesen=Kirche, freie Berufe	13,8	9,1
E. Gesundheitswesen — hygienische Gewerbe — Wohlfahrtspflege	6,6	2,3
F. Häusliche Dienste, Erwerbstätigkeit	5,7	5,9
G. Ohne Beruf und Berufsangabe	22	12,5

Tabelle:

Die soziale Struktur der Bevölkerung Schleswigs.

Nach der Berufszählung von 1925.
Statistik des Deutschen Reichs 404, 13.

	Erwerbs=tätige	Erwerbstätige + Angehörige
a. Selbständige und leitende Beamte	1 417	3 742
b. Angestellte und Beamte	2 286	4 643
c. Arbeiter	2 358	5 016
d. Mithelfende Familienangehörige	280	289
e. Hausangestellte	663	700
f. Ohne Beruf	3 217	4 061
Insgesamt:	10 221	18 451

Tabelle:

Ein Vergleich der Berufsschichtung Schleswigs und Flensburgs:

	In % der Gesamtbevölk. Schleswig	Flensburg
a. Selbständige und leitende Beamte	20,2	18,7
b. Angestellte und Beamte	25,1	25,0
c. Arbeiter	27,—	38,9
d. Mithelfende Familienangehörige	1,5	1,0
e. Hausangestellte	3,7	3,4
f. Ohne Beruf	22,0	12,5

Leider reichten die Haushaltungslisten nicht aus, um durch verschiedenfarbige Punkte zugleich mit der Wohndichtekarte die Verteilung der Bevölkerung nach Wirtschaftszweigen oder der sozialen Schichtung darzustellen. Immerhin traten die allgemeinen Züge durchaus hervor. Der Fischersiedlung wurde schon gedacht. Die weiten Flächen der jüngsten städtebaulichen Phase werden meist von Beamten und Angestellten eingenommen, einige Straßen im Norden von Arbeitern. Im übrigen lassen sich alle alten, d. h. von Fachwerkbau durchsetzten Stadtteile, die nicht vorwiegend dem Handel und Gewerbe angehören, als Arbeiterwohnraum bezeichnen. Diese Teile weisen sich auch durch ihre Bevölkerungsdichte aus [6]) (Karte 5).

[6]) Ein Vergleich gerade dieser durch hohe Wohnintensität ausgezeichneten Gebiete und des dünnbevölkerten Kornmarkts und der Langenstraße mit der Darstellung derselben Gebiete auf der siedlungsgeographischen Karte (Karte 7) zeigt, daß sich in Schleswig keineswegs Stockwerkhöhe und Bevölkerungsdichte in gleicher Weise verteilen, wie Krüger es für Höxter angibt, allerdings, ohne den Beweis anzutreten („Höxter und Corvey", Münster 31). Gerade die einstöckigen Traufenhäuser des Stadtfeldes,

Die relativ hohe Zahl der selbständigen und leitenden Beamten Schleswigs bewohnt das Tiergartenviertel um die Flensburgerstraße, die südlichsten Teile der „Neustadt", Gottorfstraße, über den ganzen Lollfuß und Stadtweg verstreut, wieder dichter in der Langenstraße und im Domviertel. Durch die geringe Wohnintensität des Domviertels gegenüber der hohen Bevölkerungsdichte des heute zum großen Teil von Arbeitern bewohnten ältesten Handelsstadtteils kommt auf der Karte 5 der runde alte Stadtkern gar nicht zum Ausdruck. Die „Altstadt" Schleswig erscheint nur wie eine sich krümmende Straße.

Im Gesamtstadtkörper beträgt die Siedlungsfläche für den einzelnen Bewohner 109 m²; 1879 erst 69 m². Zum Vergleich sei gesagt, daß in Flensburg die Siedlungsfläche für einen Bewohner 1910: 55 m² betrug.

4. Fördensteilrand, Ufer und Randzone der Stadt im Landschaftsbild.

Den Umfang des Schleswiger Wohnraums geben alle Karten an, die gegenwärtige Siedlungsformen darstellen. Sie zeigen die Klarheit des Schleswiger Stadtrandes, der sich aber keineswegs als hart bezeichnen ließe. Denn die äußeren Teile des Wohnraums werden, abgesehen von ganz wenigen Ausnahmen, von Siedlungshäusern und Villen gebildet. An diese äußerste bebaute Zone schließt sich auf der Moränenhochfläche ein Saum an, der die Stadtlandschaft allmählich zur weiten, städtisch unbeeinflußten Landschaft ausklingen läßt. Zu diesem Saum gehört der Wald des Tiergartens, das Neufeld mit seinen schmalen Flurstreifen, Friedhöfe und die Parks der Heilanstalten, die sich mit ihren hohen Bäumen im Grün der Wiesen verlieren (Fig. 2). Die frei bleibenden Stellen der Randzone nehmen Schrebergärten ein, die sich seit dem Kriege an Zahl verringert haben. Eingehegt von Knicks stehen sie zu den rein agrarisch genutzten Koppeln nicht in solchem Gegensatz wie in anderen deutschen Landschaften, wo keine lebenden Hecken den Unterschied städtischer und ländlicher Nutzung verbergen.

Die große Siedlungsfläche, die in Schleswig durchschnittlich auf einen Einwohner entfällt, versteht man, wenn man den Fördensteilrand ersteigt und durch die weiten Siedlungen der Neustadt streift. Außer der alten Wachstumsspitze der Schubyerfernstraße, die um 1870 ihr äußerstes Ende in die Gegend der jetzigen Moltkestraße streckte, (vergl. Karte 3 und Karte 9) und der aus einstöckigen Traufenhäusern bestehenden Stadtfeldsiedlung, die mit ihren terrassierten Gärten in die St. Jürgenstalaue hinabsteigt und hinter dem großen Platz des Stadtfeldes fast verschwindet, gibt es hier oben auf der Moränenhochfläche keine geschlossene Bebauung.

Daß eine Stadterweiterung im Stil einer reinen Gartenstadt möglich ist, ist neben der großen Zahl der öffentlichen Gebäude ein anderes sichtbares Zeichen dafür, daß das Wesen dieser Stadt nicht von Handel und Gewerbe, sondern von der Verwaltung, den Heilanstalten und einer großen Zahl von Bewohnern ohne

---

die durchschnittlich zweistöckigen Häuser der Kälberstraße und des Domziegelhofs zeichnen sich durch ihre hohe Bevölkerungsdichte aus, während die dreistöckigen Häuser des Geschäftszentrums am Kornmarkt und die dreistöckigen Villen der Tiergartengegend eine sehr geringe Wohnintensität haben. Diesen Vergleich gestattet mir die Darstellung der Bevölkerung in der Punktmethode, die die Einwohnerzahl nicht schematisch über ganze Baublöcke, Höfe und Gartenräume verteilt, sondern sie an der Stelle des bewohnten Hauses unterbringt.

Beruf (vergl. Tab. S. 63) bestimmt wird. Dieser letzten Tatsache entsprechen die Bemühungen der Stadtverwaltung, Schleswig stärker als bisher dem Fremdenverkehr zu erschließen. Schönheit und Kunstgenuß des Domes und des Schlosses Gottorf, eine Reihe historischer Gedenkstätten, die Ausgrabungen in Haithabu, Darbietungen des Theaters und mehrerer Museen machen Schleswig anziehend für auswärtige Besucher. Daneben verbindet es infolge seines geringen gewerblichen Betriebes und seiner landschaftlichen Lage am schmalen Saum der Förde die Annehmlichkeit einer kleinen Stadt mit der eines Erholungsortes. Die Eignung Schleswigs für einen Ferienaufenthalt versuchen die jüngsten städtebaulichen Maßnahmen zur Vollendung zu bringen. Neben der starken Durchgrünung der Stadt dient diesem Ziel ein bewußtes Hinwenden zum Wasserrande, der seit den Zeiten des erlöschenden Ruhmes der frühmittelalterlichen Handelsstadt vernachlässigt wurde. Auf der „Freiheit" des Holms ist ein großer Sportplatz entstanden, nur durch eine kleine Badewiese von der Schlei getrennt. Auch an der Lusburg und dem südlichen Ufer der Förde sind Badeplätze angelegt. Im Winter 1931/32 wurde ein Damm längs durch die Königswiesen hindurch aufgeschüttet (Karte 3 und 9). Er war das letzte fehlende Glied eines Uferweges, der von der Spitze des Holmes rings um die Bucht der Oberschlei herum bis nach Haddeby führt und außer einer kurzen Strecke in Holm und Altstadt dauernd den Blick über die weiten Flächen der Förde und die sich am Wasser hinziehende Stadt gewährt. Am Rande der Höhe führt von der Michaeliskirche an bis in den Tiergarten hinein eine schon vor 100 Jahren angelegte Promenade, deren gleichmäßiges Band schöner hoher Bäume den Fördensteilrand, der Alt- und Neuschleswig trennt, weit ins Land hinein, bis zum Königshügel am Südende des Selker Noors, kenntlich macht. Treppenaufgänge durch Anlagen und die am Steilhang in fünf bis sechs Terrassen aufgebauten Gärten der Lollfußer vermitteln eine schnelle Verbindung zwischen beiden Erholungswegen.

Seit den Zeiten, da Menschen in der innersten Schleibucht durch Dämme Diluvialschwellen verbanden und Wasserbecken abschnürten, ist die Verschmelzung natur- und kulturbedingter Landschaftsformen immer inniger geworden. Die starken Modifikationen, die Ufer und Fördensteilrand gerade in letzter Zeit erfahren haben, setzen nicht nur die verschiedenen Siedlungselemente der Stadt in neue Beziehungen zueinander, sondern verbinden sogar verschiedenartige morphologische Grundformen der Förde, die bisher durch den Steilrand getrennt wurden, der deshalb für weite Strecken auch lange Zeit die Grenze des Siedlungsraumes blieb.

Für den, der mit einem einzigen Blick das dem Landschaftsbild der Stadt Schleswig Eigentümliche zu erfassen sucht, ist nicht nur die Einheit von Fördensteilrand, Stadtsiedlung und Schlei in dem Bereich der starken, gegenseitigen Beeinflussung wesentlich, sondern auch das Südufer der innersten Schleibucht unentbehrlich, denn dieses vermittelt erst den für Schleswig so eigentümlichen Charakterzug des „Hineingebettetseins" in einen geschlossenen Raum.

Anhang.

I.

Verzeichnis der Mitteilungen

des Herrn Brunnenbauer Vertens (s. Text S. 4).

Kreissparkasse, Ecke Bismarckstraße-Stadtweg, auf Bohlen errichtet, weil der Boden so quellreich.
Königswiesen: 4—5 m tief steht Moor an. Kreisbahn auf Pfählen.
Gymnasium „Domschule": an der S. O. Ecke 6—7 m Moor.
Nördlich der Königstraße:
  im Osten 6—8 m Moor,
  im Westen, Ecke Poststraße, etwa 2 m Moor, verliert sich nach Norden.
Zwischen König- und Kälberstraße, östlich der Schlachterei Rasch, die auf Bohlen steht, bald unter der schwarzen Erde 4—5 m Moor.
Beim früheren hohen Tor guter gewachsener Boden.
Ecke Langestraße/Marktstraße: Aufschüttungen.
Großer Markt: alles fester Boden; nirgends Moor:
  S. W. Ecke, beim Depot der elektrischen Straßenbahn: Lehm und Mergel.
    Bei der Apotheke: 20—25 m Ton.
  S. O.: Töpferstraße: fester Boden.
  N. O. Ecke, Eckhaus gegenüber Rathaus: mächtige Tonschicht; aber Wasser hat ganz feine Trübe, bringt am Tag einen halben Fuder feinsten Sand mit heraus.
  N. W. Ecke Hunnenstraße: alles fester Boden.
Holm bis Freiheit: „Sand", gewachsener Boden.
Domkirchturm auf nassem Sand.
Plessenstraße 7, früheres Dominikanerkloster: auf der nördlichen Seite in 4 m Tiefe gutes Wasser; Haus auf festem Boden.
Lusburg auf festem Sand. Aus 40 m Tiefe tritt Wasser artesisch zu Tage.
Schleistraße: im N.O. am Eingang zum Domziegelhof kein Moor.
  Am Stadttheater: 5 m Moor. Die Bühne ist auf eisernen Betonplatten errichtet, damit sie nicht sackt.
  Nr. 40: circa 5 m Moor. Das Haus auf Betonplatten erbaut.
Lollfuß: Hotel „Stadt Hamburg": auf Sand. Bei circa 20 m tritt Wasser artesisch zu Tage.
  Nr. 114: Das Haus auf Senkringen erbaut, in Moorboden eingesenkt, 4—5 m. Darunter Sand.
Friedrichstraße: Mühle bis Gaswerk: 60—70 m Schliefsand,
  auch gegenüber: 60—70 m Schliefsand,
  aber 30 m nördlich: 14 m Moor.
  Grund des Prinzenpalais: kein Moor.
  Nr. 28: bis 25 m feiner wasserhaltiger Sand ohne Moor anzutreffen.
  Schleiseite: unter den Häusern kein Moor.
  Unter der Bugenhagenschule kein Moor.
Schloß Gottorf auf „gewachsenem Boden", 80—90 m Lehmboden.
Nördlich, 70 m ab Schloßmitte gerechnet, bereits 18 m Moor.

Ergänzung
aus den Akten des Stadtbauamts (Wasserrecht, Leittafel 11):

Ecke Kälberstraße/Plessenstraße (Akte 9, Bd. 2):
  von 0,0—5,5 m aufgefüllter Boden und Moor. Darunter sandiger Lehmboden usw.
Am Elektrizitätswerk (Akte 7, Bd. 1):
  S. W. vom Werk: 0,0—2,8 m schwarzer Moorboden. Darunter Sand, Ton usw.
  N. W. vom Werk: 0,0,—1 m Mutterboden. 1,0—4,5 m sandiger Ton, darunter fester Ton usw.
  Westlich vom Werk, südlich des Marthahauses: 0,0 1,50 m Mutterboden, 1,50—2,30 m Sand mit Lehm; Sand mit Mergel usw.

II.

Beleg für die Veränderung des Reliefs im Stadtbildungsprozeß. (s. S. 4).

St.A.K. A XX, 2967.

„Auf Befehl des Herzogs: 23. II. 1711: „Vorschlag" „des Amtmanns von Brockdorffen zu Gottorf" „wegen der Straße im Lollfuß und Friedrichsberg"

1. Bey Bartelsen und Commissary Miles Häuser muß der Berg und die Plancke weggeführet und eingezogen werden.
2. Muß das Stacket vor Kriebels Haus, fals die Straße seine behörige Breite haben soll, weggenommen werden.
3. Von Barreau Brunnen bis Hohn Haus muß der Berg abgefahren, der Rönstein weiter hineingelegt und der Brunnen eingerücket werden.
4. Thomas Hohnen Haus muß in dem es ein sehr altes Gebäude und wohl 14 Fuß vor alle andere Häuser ausstehet, abgebrochen, und wieder ein klein neues Häuschen hineingebauet werden . . .
5. Von Thomas Hohnen Haus an muß Paul Schlachter Brun zugeworffen . . .
6. Von der Crümme by Lübken Haus muß soviel abgenommen werden, als die Situation leidet, und ist hier die engste Stelle im ganzen Lollfuß.
7. Von Uhlen Hause den ganzen Nelkenberg bis an Stoppers Haus muß über 8—10 Fuß weggegraben, und der Brunnen am Berge eingezogen werden.
8. Die Plancke vor Mag. Klippen Hause imgleichen dessen neu wagenhaus, . . ., muß über 8 Fuß eingezogen werden.
9. Von dem Anberge von Sibbersen Hause muß die Straße 8—10 Fuß breiter gemachet werden, und gehet solches bis an H. Rumohrn Haus.
10. Der Anberg von Rumohrn bis Eyben Haus muß ebenfalls über 8 Fuß abgegraben werden.
11. Das übrige gehöret halb zur Stadt, halb aber zu Lollfuß und muß nach vorigen gleichfals reguliret werden, gegenüber aber der Morast so nach Sandhagens Hoff gebrücket werden . . .
12. Der Anberg gegen H. Etatsrath Eyben Haus über, so zwischen Hinrich Krämer und dem aus Bürger liegt, muß abgegraben, folglich die Straße breiter und gleicher gemacht werden.
13. Der Platz unterm Hesterberg, so ganz morastig müßte ausgefüllet und bebrücket werden, imgleichen die Stelle vor der Zollbude."

Eine vergleichende Betrachtung der Kataster von 1712 und 1831 und das „Verzeichnis aller im Gemeindebezirk der Stadt Schleswig wohnenden Hauseigentümer unter gleichzeitiger Angabe der alten und neuen Nummern . . ." versucht, die in dieser Urkunde genannten Häuser zu lokalisieren. Im Kataster von 1712 sind die Namen der Hauseigentümer völlig unnumeriert nur quartierweise zusammengefaßt. Dies Kataster enthält eine große Anzahl der in der Urkunde von 1711 genannten Namen. Im Kataster von 1831 ist, wie ein näheres Studium lehrt, dieselbe Reihenfolge wie im Kataster von 1712 eingehalten. Außerdem sind hier die Hausstellen innerhalb der einzelnen Quartiere numeriert. Ein einziger über 120 Jahre hinüber erhaltener Hausbesitz und die bereits erforschten „Höfe" dienen als Fixpunkte, zwischen denen die Häuser ausgezählt und so die Namen von 1711 bzw. 1712 auf die Namen von 1831 überführt werden können. Dies ist erlaubt, da sich die Anzahl der Hausstellen zwischen 1712 und 1831 kaum verändert hat. Außerdem wird die Berechtigung dieser Methode dadurch bestätigt, daß eine von späterer Hand ausgeführte Numerierung des Katasters von 1735 (St. A. Sch.) in den Fällen, in denen die Besitzer zwischen 1712 und 1731 nicht gewechselt haben (5 mal), dieselbe Quartiernummer zeigt wie die Auszählmethode. Da das Kataster von 1831 innerhalb der einzelnen Quartiere numeriert ist, ist es dann ein leichtes, mit Hilfe des oben genannten Verzeichnisses die heutigen Hausnummern festzustellen. Diese Methode läßt in einzelnen Fällen bei dem Sprung von 1712 bis 1831 Zweifel; die Ungenauigkeit kann dann aber nur ein bis zwei Hausnummern betragen. Der Versuch der Lokalisation genügt also dem Zweck, die aus dem Anfang des 18. Jahrhunderts stammenden Verordnungen für die Herstellung der Urlandschaftskarte nutzbar zu machen.

Zur Urkunde von 1711	Blatt des Katasters von 1712	Quartiernummer des Katasters von 1831	Heutige Straßenbezeichnung
Commissari Miles	66	VII, 79	Lollfuss 88, 90
Kriebelshaus	81	„ 240	„ 71, 73, 75
Mons Barraut, Weinschenk	67	„ 93	„ 66
Paul Buddick, Schlachter	69	„ 100	„ 56
Sel. J. J. Lübken Ww.	69	„ 117	„ 26
Uhlen	69	„ 118	„ 24
Stoppers	70	„ 129	„ 4
Fr. Mag. Sibbern	71	„ 132	Stadtweg 86
Rumohrn	71	„ 139	„ 72, 74
Eyben	72	„ 145	„ 64
Sandhagenhof	13	II, 28	„ 21
Hinrich Krähmer	13	„ 32—33	„ 53—55
Zollbude	59	VII, 2	Lollfuss 110

III.

Zeitgenössische Quellen für den Nordeuropäischen Handelsverkehr im 9.—12. Jahrhundert.
(s. S. 12 f).

Rimbert cap. 24

„Multi namque ibi (Sliaswich) antea erant christiani, qui vel in Dorstado vel in Hammaburg baptizati fuerant.... et negotiatores tam hinc quam ex Dorstado locum (Sliaswich) ipsum libere expeterent".

cap. 26.

„viginti ferme diebus navigis transactis, pervenit ad Byrca."

cap. 33.

„... dum ad portum memoratum Sliaswich, in quo naves cum negotiatoribus, qui cum eo ituri erant (Birca) constabant, ..."

Ottar, S. 320

And of Ciningesheale he cvaeð þaet he seglode on fif dagan to þaem porte, þe mon haet oet Hoeðum, se stent betvuh Vinendum, and Seaxum and Angle, and hyrð in on Dene.

Ulfsten, S. 322

Vulfstan saede, þaet he gefore of Hoeðum, þaet he vaere en Truso on syfan dagum and nihtum.

Adam von Bremen, Litt. I, Cap. IX (62)

„ad Bircam . . . Ad quam stationem, quia tutissima est in maritimis Suevoniae regionibus, solent omnes Danorum vel Nortmannorum itemque Sclavorum ac Semborum naves aliique Scithiae populi pro diversis commerciorum necessitatibus sollempniter convenire."

Litt. II. Cap. XXII (19)

„Nobilissima civitas Jumne celeberrimam prestat stacionem Barbaris et Grecis, qui sunt in circuitu. . . . quam incolunt. Sclavi cum aliis gentibus, Grecis et Barbaris; nam et advenae Saxones parem cohabitam di legem acceperunt. . . .
Iter eiusmodi est, ut ab Hammaburg vel ab Albia flumine VII^{mo} die pervenias ad Jumne civitatem per terram; nam per mare navim ingrederis ab Sliaswig vel Aldinburg, ut pervenias ad Jumne. Ab ipsa urbe vela tendens XIIII^{cimo} die ascendes ad Ostrogard Ruzziae. Cuius metropolis civitas est Chive, aemula sceptri Constantinopolitani, clarissimum decus Greciae."

Lib. IV. Cap. I.

„Sliaswig, quae et Heidiba dicitur, . . . ex eo portu naves emitti solent in Slavaniam vel in Suediam vel ad Semland usque in Greciam."

Lib. IV. Cap. I.

„Ripa . . . in Fresiam aut certe in Angliam vel in nostram Saxoniam.

Lib. IV. Cap. I.

„Arhusan. A qua navigatur in Funem aut Seland sive in Sconiam vel usque in Norvegiam."

Lib. IV. Cap. XI.

„secundo flatu per mensem aliquos a Dania pervenisse in Ostrogard Ruzziae."

Lib. IV. Cap. XVI.

„Holmus appellatur, celeberrimus Daniae portus et fida stacio navium, quae ad barbaros et in Greciam dirigi solent."

Lib. IV. Cap. XX. (21) Scholion 126 (121)

„A Sconia Danorum navigantibus ad Bircam quinque dierum iter est, a Birca in Ruzziam similiter per mare habes iter quinque dierum."

Abt Nikolaus, Pilgerweg S. 13

„or Alaborg se II dag til Vebiarga, þa er viku for til Heidabeiar, þa er skamt til Slesvikr, þa dag-for til Aegis-dyr . . . þa er dagfor i Heitsinn be aa Hollsetulandi, þa ferr yfir Sexelfi til Stoduborgar . . . Ferdu-borgar . . . Nyioborgar . . . Mundioborg . . . Poddubrunna . . . Meginzo-borgar."

Stadtrecht § 29.

„hospites de ducato Saxonie, de Frysia, de Hyslandia, de Burgendeholm et aliunde."

Stadtrecht § 30.

„Mercatores inturi in Gutiam vel alias . . . Slaui autem . ."
„Frysones".

IV.

Aktentext zur Abb. 7 St.A.Sch. A 16 (Fol. Bd. XVIII).
(s. S. 39).

Lollfuß, 6. VI. 1673. unterschreiben Jürgen Holmer, Johann Kruse, C. Wildhagen, Jürgen Lommers folgenden Vergleich:

„... Anfänglich soll u. will gemelter Jürgen Lommerß zu besagten fahrwege von berührter seiner ledigen Hausstelle von des Nachbarn, Peter Pauwelsen Corporale bey den Einspännigen, trüpfenfall anzurechnen, nach der Lullfußer Straße vier und zwanzig fuß breit nach der Linie soweit seine Hausstelle oder Garten Raum ist, bis an seiner Schwiegermutter Maria Schnadler Stalles Ost-Stender freywillig abtreten, und für alle fernern An- u. Zusprüche Kraft dieses frey gewähren u. wird der übrige Platz od. Fahrweg zur Marien Schraden Hause gelaßen ... der Befriedigung halber ist's dahin verglichen, u. beständig verabredet, daß wir itzo ... ein gutes Plankwerk von der Gassen bis an den vorbesagten Stall u. ungefehr Einhundert u. sechs fuß lang auf ... Capitels Kosten will aufrichten u. setzen lassen. ..."

4. XII. 1673 quittiert Jürgen Lommers die Kaufsumme, die ihm vom Kapitel für sein Grundstück bezahlt ist.

11. IV. 1691 bekennt Peter Schnack für sich u. seine Erben, daß er für das abgetretene Land ein „äquivalentes" auf dem „Zügelhof" erhalten.

13. VI. 1761 bestätigt das Notariat „dem Herrn Friedrich Friehs, als gegenwärtigen Besitzers der gemeldeten Originalien," die Copien.

V.

Besitzfolge dreier Höfe (Anfang des 17. Jahrh. bis Mitte des 19. Jahrh.)
(s. S. 35 u. Fig. 3).

(Nach Philippsen 1924.)

1) Stadtweg 21:
Hofmarschall Josias Butzow
Kanzler Joh. Adolf Kielmann von Kielmannsegg.
?
Hofrat von Massow
Tielemann Adreas von Bergholz
Bernhard von Clausenheim
Baron von Königstein
Kanzler Christian Sandhagen
Baron von Geltingen, Senera Ingwersen.

2) Friedrichstraße 11:
Fürstl. Hofmarschall, Oberstall- u. Jägermeister Friedrich von Günderoth
General Wolff Heinrich von Baudissin.
Jasper Ludwig von Qualen
Geheimer Konferenzrat Joachim von Brockdorff
Geheimrat Cay von Rumohr.

3) Stadtweg 64:
Instrumentist Johannes Harder
Hofmedikus Friedrich Zobel
Hofmedikus Dr. Joel Langelott
Etatsrat Christian Wilhelm von Eyben
Amtsverwalter Mörck
Advokat Schmidt.

VI.

Material und Anfertigung der Höhenschichtenkarte (Karte 4).

Zwei Ziele liefen nebeneinander: die 1 m-Schichtlinien getreu zu erfassen und die Karte in der kurzmöglichsten Zeit herzustellen. Es wurde deshalb sehr heterogenes Material verwandt; eigenes Nivellement setzte erst da ein, wo das Netz vorhandener Zahlen unzureichend war.

Alle erreichbaren Höhenangaben wurden auf einem Deckblatt über einem Stadtplan 1:6000 gesammelt. Dieser Maßstab erwies sich auch als der geeignetste für die Herstellung der definitiven Karte.

Folgendes Material des Stadtbauamtes wurde benutzt:

1) Kanalisation Schleswig Rohrnetzplan 1:2000. Prof. Neuber, Charlottenburg, Oktober 1927.
2) Stadt Schleswig nördl. Teil 1:4000, der einige Höhenzahlen enthält, von dem die meisten allerdings auch auf dem Meßtischblatt angegeben sind.
3) Fixpunkte der Stadt Schleswig.

Diese Zahlen ergaben eine Streu über das ganze Stadtgebiet, am engsten auf den flachen Schwellen, ganz aussetzend in dem Übergangsgebiet zur Moränenhochfläche.

4) „Die Nivellements von hoher Genauigkeit .. des Reichsamtes für Landesaufnahme." Sie enthalten aus dem Stadtgebiet die Nord-südstrecke Busdorferstraße, Friedrichsstraße, Lollfuß, Flensburgerstraße, und mehrere Höhenzahlen für die bisher ganz angabenlose Insel Gottorf.
5) Höhenschichtenkarten 1:500.
   a) Hesterberger Koppeln Nr. 196 u. 197
   b) Koppel nördlich der Lornsenschule Nr. 199
   c) Herrenkoppel Nr. 88, 89.
6) Dicht gezeichnetes Höhenzahlennetz für
   a) Spielkoppeln Nr. 195; 1:500
   b) Erdbeerenberg 1:1000 (1922)
   c) Groß Hesterbergerkoppeln 1:1000 (1900).

Ein Vergleich der in 5) und 6) genannten Flächen mit dem Plan der Grundrißentwicklung Schleswigs zeigt, daß es sich hier um die jüngsten, meist erst nach dem Kriege bebauten Böden handelt.

Die etwas ältere östliche Neustadt war in dem Rohrnetzplan besser erfaßt. Das übrige ersetzen hier:

7) die Akte über die Nivellementsergebnisse des Stadtbauamts. (Die Schleifen waren noch nicht berechnet.)

Diese leistete auch große Dienste in dem Zug Domziegelhof, Lusburg, Altstadt.

8) Lageplan in der Umgebung des Polierteichs, 1:500, ergab die Verhältnisse der Talflanken des St. Jürgenbaches.

Für das Auslaufen der Linien am Rande der Stadt wurde das Meßtischblatt zurate gezogen.

Neben dem eben aufgezählten Material erwiesen sich folgende eigene Nivellementszüge als notwendig:

I. Vom St. Jürgensbach in der Faulstraße quer durch zur Michaelisstr. und zum Stadtfeld hoch. In einem nach Norden offenen Bogen über den Michaelisberg zur Michaelisstraße zurück und wieder quer über den Berg zum Stadtweg hinunter. Bismarckstraße hoch und in der Michaelisallee den ganzen nördlichen Fördensteilrand entlang. Über die Schützenkoppeln, am Amtsgericht vorbei in die Tiefe des Lollfuß und durch den Ebrärgang wieder auf die Höhe des Hesterbergs. Die alte Hesterbergstraße nach Norden und nach Süden bis in ihre Mündung in den Lollfuß kurz vor dem Gottorfer Damm.

II. Im Friedrichsberg: von der Friedrichstraße den Rudolfsberg hinan und zum Hornbrunnen hinunter; über den Schulberg und Kapaunenberg bis zum Busdorferteich; über den Friedrichsberger Kirchhof zurück zur Friedrichstraße.

Für diese Nivellementszüge ist Folgendes charakteristisch: sie verlaufen am Rande des Fördensteilabfalls, den die Besiedlung meidet, und auf den von alters her besetzten Höhen der Michaeliskirche (Urk. 1196), des Hesterbergspornes und der Friedrichsberger Soldatensiedlung, den Schattengebieten des Interesses neuzeitlicher Entwicklung.

Die Höhenkurven wurden zwischen dem Gerippe der gewonnenen Zahlen nach dem Gelände selbst bestimmt.

Abbildungen.

Abb. 1. **Blick von Westen.** Phot. Hamburger Luftbild.
Im Vordergrund Schloß Gottorf und das Regierungsgebäude. Östlich von Gottorf sieht man senkrecht in die alten Fernwege Lollfuß und Hesterberg. Jenseits der Königswiesen die „Altstadt" mit dem Dom. Links kennzeichnet die Baumreihe der Michaelisallee den Fördensteilrand und die Grenze zwischen älteren und jüngsten Stadtteilen.

Abb. 2. **Blick von Südosten.** Phot. Hamburger Luftbild.
Im Vordergrund Holm mit zentralem Friedhof und „Altstadt" rund. Die Fabrikschornsteine kennzeichnen den Alluvialrand, die Baumreihen der Michaelisallee den Fördensteilrand.

Abb. 3. **Schleswig 1584.**
Aus Brauns „Theatrum urbium" 4, 31.

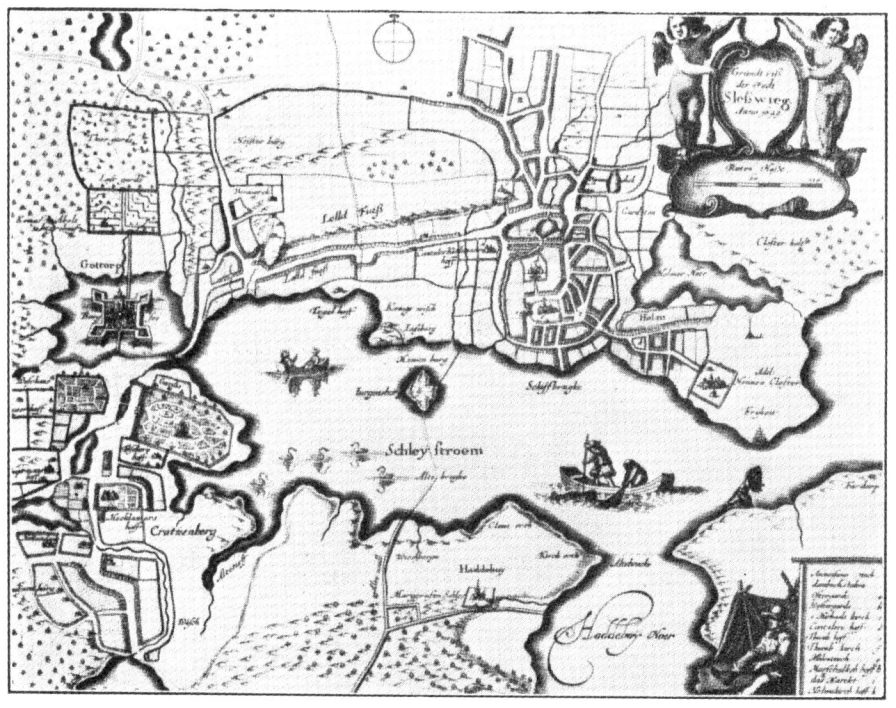

78
Abb. 4. **Schleswig 1649.**
Aus Dankwerths „Neue Landesbeschreibung .." Tab. XIX, p. 113.

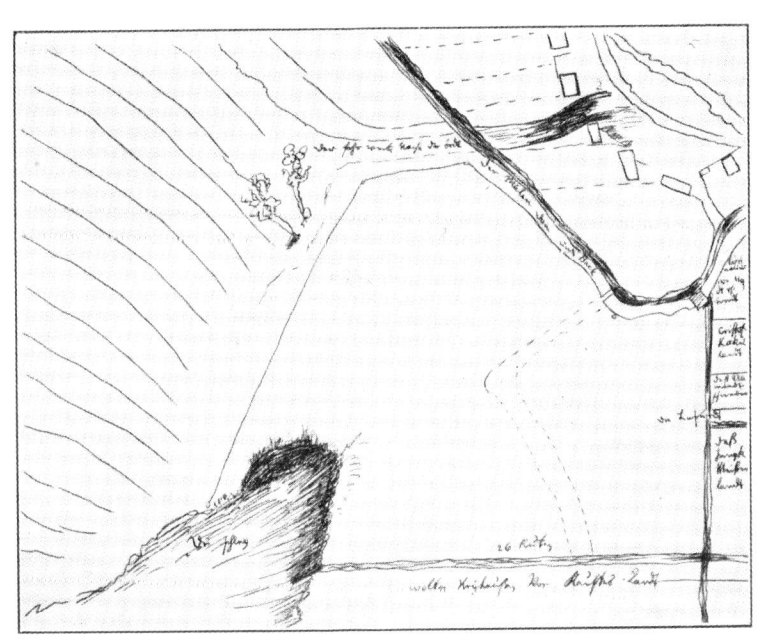

Abb. 5. **Skizze vom „ördt",** 1668. Vergl. S. 4 und S. 39.
— Staatsarchiv Kiel A XX, 2959.

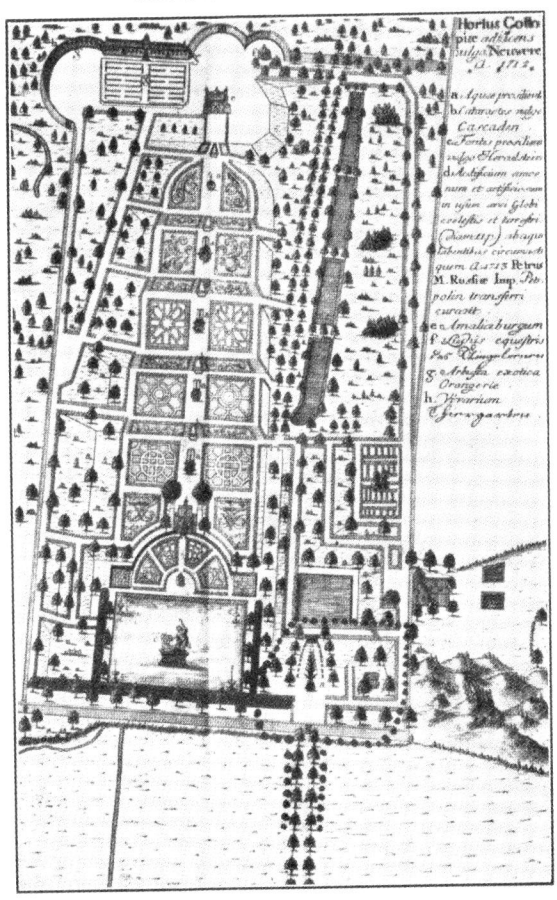

Abb. 6. **„Hortus Gottorpiae . . vulgo Neuwerk",** 1712.
Aus Westphalens „Monumenta inedita . ." III, 326.
. . . . . umrahmt den heutigen Rest der alten Gartenanlagen.

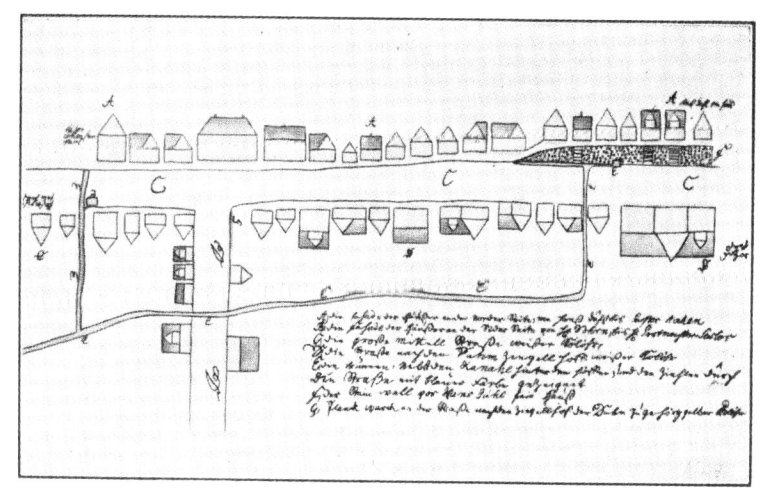

Abb. 7. **Die älteste Aufrißzeichnung,** circa 1673—1761.
Vergl. S. 39. — Stadtarchiv Schleswig A 16, Fol. Bd. XVIII.
— Den dazugehörigen Aktentext siehe Anhang IV, S. 71.

Abb. 8. **Lollfuß nördlich des Domziegelhofs.**
Dieselbe Stelle wie auf Abb. 7. Vergl. den Steinwall und einige fast gleiche Haustypen. Im übrigen als Hauptladenstraße stark von Etagenhäusern durchsetzt.

Abb. 9. **Langestraße.**
Seit der Entstehung der „Nighenstat" der Wohnsitz der wohlhabenden Bürger (Vergl. Fig. 1 und S. 20).

Abb. 10. **Töpferstraße.** Eine Zufahrtsstraße zum „Großen Markt" der Altstadt, heute nur Arbeiterwohnraum. Hier die für alle älteren Teile Schleswigs charakteristischen holzverkleideten Giebel.

Abb. 11. **Am Dom.**
Links hinten eine alte Domkurie.

Abb. 12. Traufenhäuser des Holm mit „Ausluchten" und „Klöntüren".
Dieser Teil auch auf der Karte 8a.

Abb. 13. **Auf dem Holm.** Die Bäume links gehören zur Einfassung des Friedhofs (vergl. Abb. 2).

83

Abb. 14. **Friedrichsberg.** Phot. Hamburger Luftbild.
Blick in die alte „Soldatensiedlung", auffallend sind der Reichtum an Gartenland und die Unregelmäßigkeit der Anlage. Links oben die Schlei. Rechts oben der Busdorferteich. Am linken Rand der Siedlung taucht ab und zu die Friedrichsberger Hauptstraße auf.